HONAN ROAD CENTRAL
河南中路
KIANGSE ROAD CENTRAL
江西中路
SZEKING ROAD
泗涇路
KWANGTU
廣東路
CHUNG-CHENG RO
中正東路
FOO-CH
美國總會
American Club
上海市政府民政處
上海市警察局
DEVELOPMENT BUILDING
美國總領事署
中國建設銀公司
HAMILTON HOUSE
福建省銀行
遠洋貿易公司
中南實業公司
C.N.R.R.A.
C.P.S.O.
中國紡織建設公司
五洲大藥房
恒盛行
益順盛行
利和行
誠昌新
正中書局
揚慶和銀樓
資源委員會中國石油公司
五洲銀行
惠民銀行
古玩市場
上海市華商紗布交易所
大中華橡膠廠
浦東銀行
天泰成
永昌泰
自由西報
The Shanghai Herald
The China Press
大陸報
自由論壇報
China Daily Tribune
大晚報
The China Evening News

写给读者的话

一张上海老地图，开启了一场穿越时空的旅行。

带上这本书，你将通过人文行走的方式，寻找建筑上的符号和故纸堆里的线索，剥茧抽丝，揭开历史的面纱。你将像侦探一样思考、像历史学家一样研究、像考古学家一样发现。

一场叩问时空，专属于你的探秘之旅，即将展开……

探秘注意事项

一、书中的每一幢建筑都设置了相关的"打卡"任务。

二、现场探秘不同于传统阅读，以下注意事项望牢记：

1. 建筑中的工作人员和居民对此书毫不知情，探秘时请保持安静，勿打扰他们的工作和日常生活。

2. 建筑中涉及的线索非人为设置，寻找时请注意保护建筑。

目录

01 写给读者的话
02 探秘注意事项

01 路线图
02 探秘装备
03 任务示例

目录

11　亚细亚大楼

23　上海总会大楼

33　有利银行大楼

41　大来大楼

53　大北电报公司大楼

63　永年人寿保险公司大楼

81　企业大楼

95　庆丰大楼

109　华商纱布交易所大楼

117　普益大楼

125　卜内门大楼

135　汉弥登大楼 / 浙江实业银行大楼

145　建设大厦

153　美国总会大楼

161　五洲大楼

171　参考文献

路线图

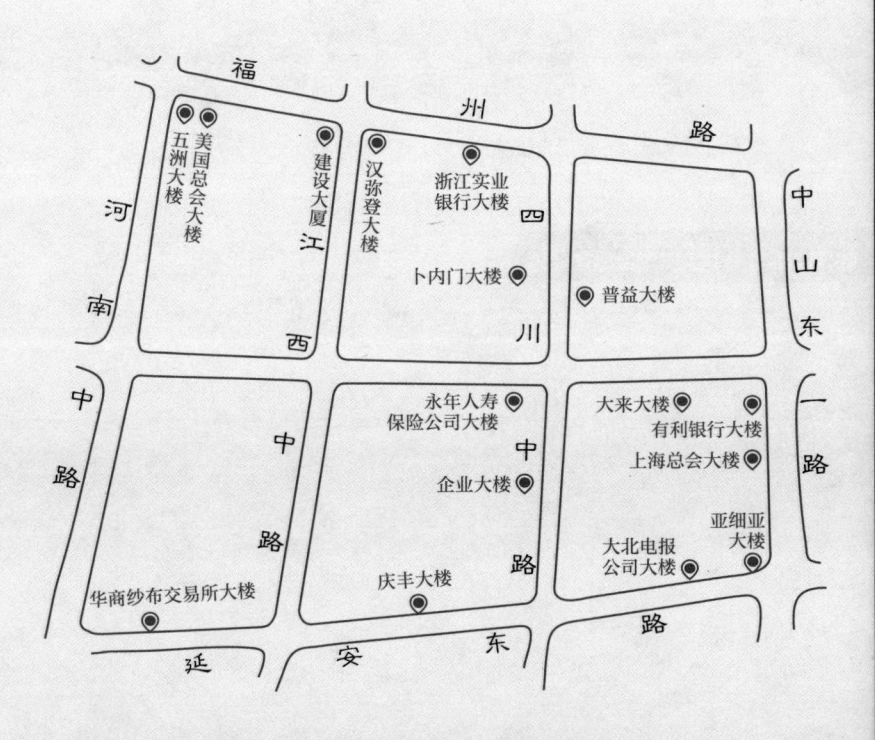

你可以根据自己的喜好，

用线 ～ 将这些建筑连接起来，

设计自己的探索路线。

福州路

河南中路 / 江西中路 / 四川中路 / 中山东一路

延安东路

建筑：
- 五洲大楼
- 美国总会大楼
- 建设大厦
- 汉弥登大楼
- 浙江实业银行大楼
- 卜内门大楼
- 普益大楼
- 华商纱布交易所大楼
- 永年人寿保险公司大楼
- 企业大楼
- 庆丰大楼
- 大来大楼
- 有利银行大楼
- 上海总会大楼
- 大北电报公司大楼
- 亚细亚大楼

01

探秘装备

作者探秘装备

历史地图　　便携照片打印机　　运动鞋　　彩色铅笔

来记录一下你的装备吧

每幢建筑都设置了各种任务，提前了解一下吧。

贴

过 去
老照片贴纸

贴

现 在
拍一张相同角度的照片贴在此处

任务示例

今昔对比

调查报告

- 建造年代

- 建筑风格

- 柱式

- 结构类型

- 设计方

- 建造方

* 在填写调查报告时，有些信息是不完整的，可空缺。

可通过建筑铭牌或扫二维码获取信息

考察笔记

现场打卡

在大楼内找到此建筑浮雕，请在放大镜中打勾 ✓

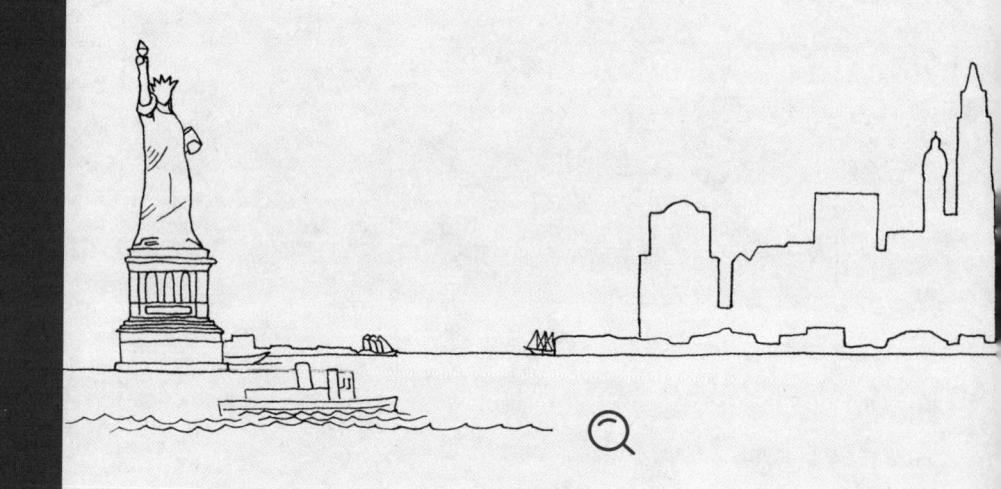

06

圆圈图

将名人的关键信息写在圆环里

著名民族资本家

"棉纱大王"

"面粉大王"

荣宗锦
字宗敬

荣德生之兄

福新面粉厂

无锡荣巷人

申新纺织厂

荣毅仁伯父

07

时间轴

将事件按时间顺序添加在时间轴上

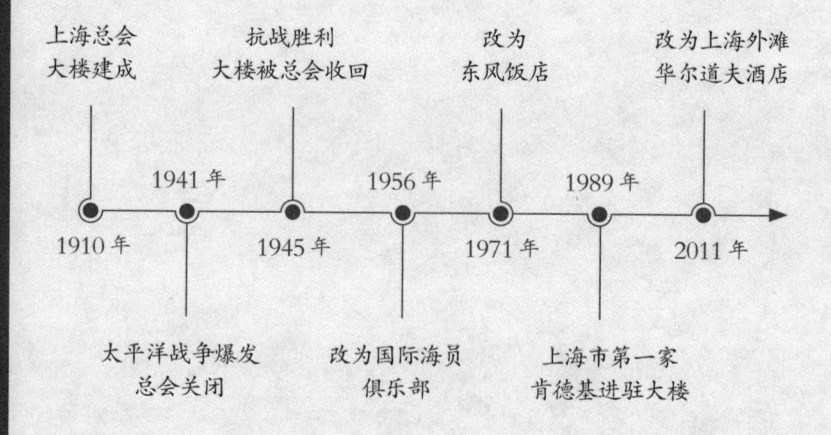

上海总会大楼建成 — 1910年

1941年

抗战胜利 大楼被总会收回 — 1945年

太平洋战争爆发 总会关闭

1956年 — 改为国际海员俱乐部

改为东风饭店 — 1971年

1989年 — 上海市第一家肯德基进驻大楼

改为上海外滩华尔道夫酒店 — 2011年

韦恩图

比较两者相同与不同之处

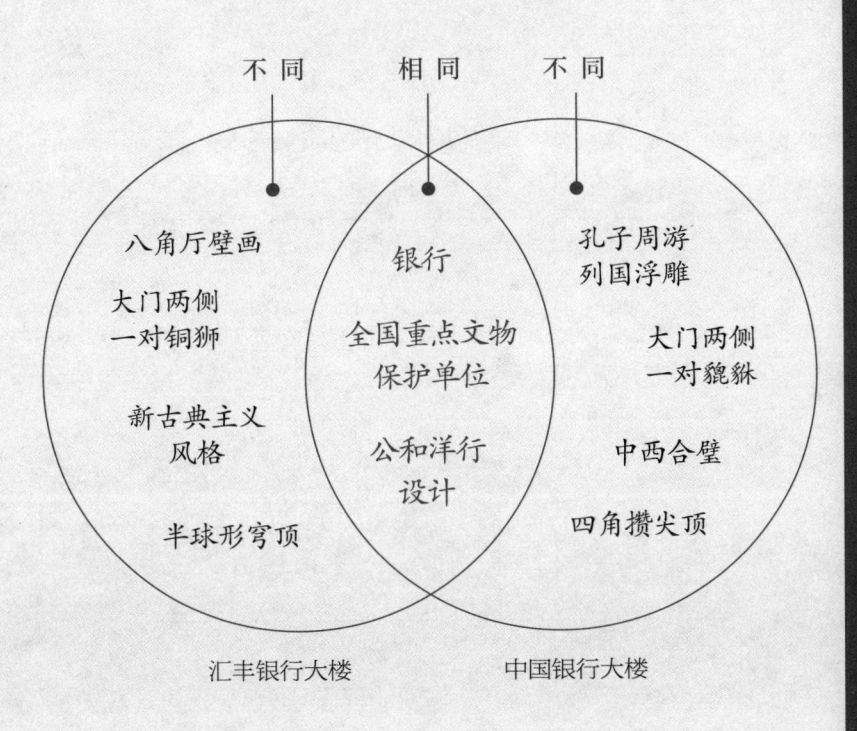

不同　　相同　　不同

汇丰银行大楼：
- 八角厅壁画
- 大门两侧一对铜狮
- 新古典主义风格
- 半球形穹顶

相同：
- 银行
- 全国重点文物保护单位
- 公和洋行设计

中国银行大楼：
- 孔子周游列国浮雕
- 大门两侧一对貔貅
- 中西合璧
- 四角攒尖顶

09

其他说明

在书中,你会看到这些符号,分别代表:

拓展调查 | 请根据收集到的线索来思考问题

解答问题 | 请拿起笔在书上写写画画

拓展阅读 | 请阅读资料了解更多相关信息

使用道具 | 请使用本书附带的道具来探秘

MCBAIN BUILDING

今中山东一路1号

亚细亚大楼

亚细亚公司是英国壳牌运输贸易公司与荷兰皇家石油公司合设的子公司，总公司在伦敦，分公司遍布五大洲。

亚细亚大楼原名麦边大楼，由麦边（又名麦克贝恩）洋行投资建造，后为亚细亚公司购得，遂名亚细亚大楼。

此楼被称作"外滩第一楼"，一是因为它位于外滩中山东一路1号，二是因为它建成时是当时外滩最高大的一幢建筑。

巴洛克式弧形断山花

请在大楼外找到带孔立柱

亚细亚大楼两侧大门的门口各有两根立柱带孔，总计有四根立柱带孔，且材质、大小、间距相同。原来，这些立柱上曾有四块亚细亚火油公司的抱柱（即弧形）铜牌，笔者见到过其中两块，一块中文，另一块英文，作为历史文物，它们现藏于上海市历史博物馆。

亚细亚火油公司中文铜牌 　　　　　亚细亚火油公司英文铜牌

曾经的亚细亚大楼马路转角处 　　　曾经大楼门口的铸铁装饰

关于亚细亚公司壳牌商标的来历，据说早在 1833 年，马科·森默（Marcus Samuel）在伦敦开了一家销售贝壳等货品的小商店，很多顾客喜欢用贝壳来做钮扣和装饰首饰盒，马科·森默定期从东方订购货品，不久就成为进出口行业内的行家里手，公司迅速转向经营运输和贸易，并涉足石油业务。其后，马科·森默的儿子继承了父业，为了纪念父亲创业的成就，将企业命名为"壳牌运输及贸易公司"，并用"贝壳"作为公司的商标，"壳牌"就这样诞生了。

1907 年，壳牌运输贸易公司与荷兰皇家石油公司为了对付共同的竞争对手——美孚石油公司而合并，荷兰皇家 / 壳牌集团正式宣告成立，而"壳牌"一词和贝壳标志成了合并后的荷兰皇家 / 壳牌集团的简称和标识，并延续至今。

美孚商标

19 世纪 80 年代以后，民间多舍弃红烛照明、油盏灯的习惯，而改用火油灯，俗称"洋油灯"，这种灯外罩玻璃，亮度高且价格便宜又方便耐用，所以很受欢迎。因此石油销路日益广泛。近代中国民用和工业所用的石油，都要从国外进口。

美国洛克菲勒集团创立的美孚洋行最早经营中国石油生意，1900 年在上海设立公司。1907 年，英商亚细亚火油公司也在上海九江路成立办事处。1914 年，美商德士古火油公司来上海设分公司，异军突起，一开始声势超过亚细亚，但亚细亚毕竟是世界第二大石油巨头（当时美孚石油公司排名世界第一），德士古不久就屈居第三。三家为争夺中国市场均使尽浑身解数，不惜花血本打广告战。

> 美孚洋行与德士古公司旧址分别在今广东路 94 号与今延安东路 110 号，请在历史地图上标出这两家公司的位置。

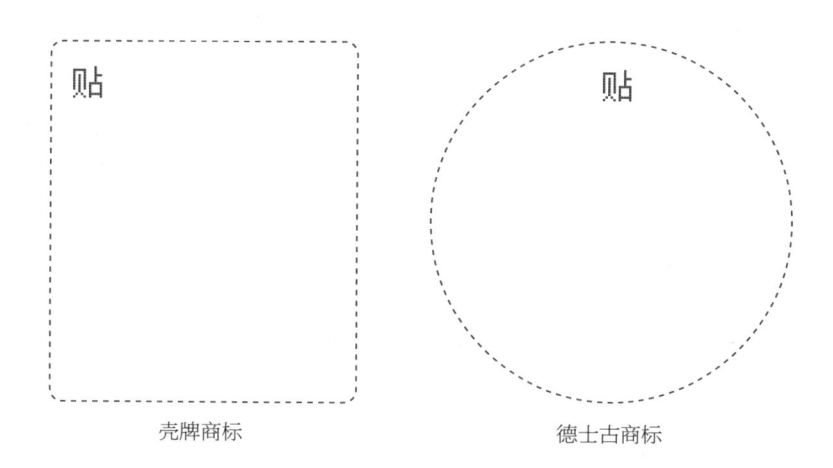

贴

壳牌商标

贴

德士古商标

亞細亞火油公司辦事房及油池圖

亚细亚大楼 15

亚细亚公司进入中国时，美孚石油公司已经抢先占领市场，这就迫使亚细亚公司花重金打广告战和价格战。为了开拓农村市场，亚细亚公司不惜工本地在当时中国乡间沿铁路、公路、河道旁房舍的白墙上画上壳牌火油和僧帽牌洋烛的巨幅广告，同时大量赠送火油炉、火油灯和画有广告画的月份牌，在灯罩和马口铁罐上印上亚细亚字样。

贴

亚细亚火花

? 你知道火花是什么吗？

亚细亚广告

用亞細亞燈之家室滿明光如同晝白

炎天酷暑時牌洋之別燭圖

炎天酷暑時亞細亞僧帽牌洋燭圖

亚细亚火油公司僧帽牌洋烛广告

上图是亚细亚火油公司僧帽牌的商标，你可以上网搜索，按照原图进行涂色，也可以自由发挥。

今昔对比

贴

过 去
老照片贴纸

贴

现 在
拍一张相同角度的照片贴在此处

调查报告

- 建造年代

- 建筑风格

- 柱式

- 结构类型

- 设计方

- 建造方

亚细亚大楼

考察笔记

上海总会大楼

SHANGHAI
CLUB

今中山东一路2号

上海总会又称"皇家总会""英国总会",原是英国在沪侨民的俱乐部。

上海总会作为20世纪初上海外侨俱乐部的典型代表,在当时与美国总会、法国总会合称为上海的"三大总会"。这座建筑不仅外观华丽、高贵,其内部的设计也颇有特色,楼内装饰仿英国王宫格调,故有"皇家总会"之称。

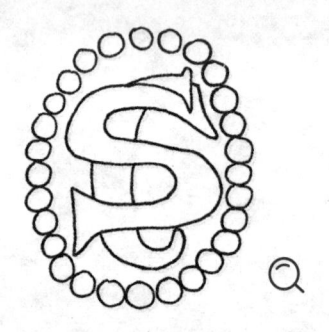

? 在建筑外部,可以看到这个特别的符号,你知道它的含义吗?

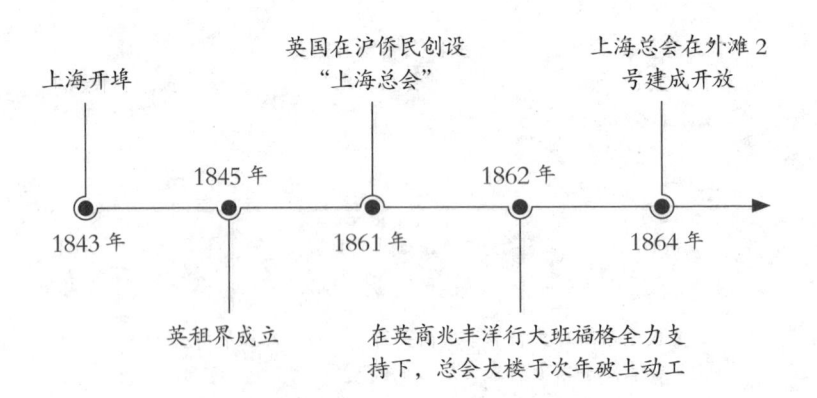

上海开埠 —— 1843年

1845年 —— 英租界成立

英国在沪侨民创设"上海总会" —— 1861年

1862年 —— 在英商兆丰洋行大班福格全力支持下,总会大楼于次年破土动工

上海总会在外滩2号建成开放 —— 1864年

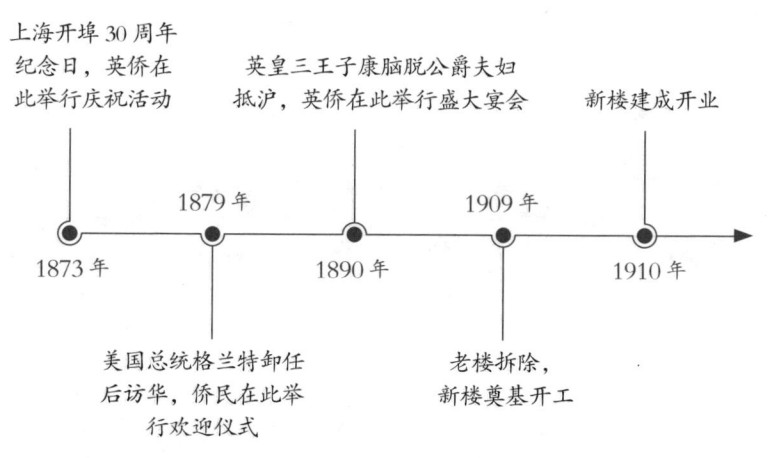

在大楼两扇牛眼窗的下方各有 4 个数字，请找到它们并思考它们的含义。

上海开埠 30 周年纪念日，英侨在此举行庆祝活动

英皇三王子康脑脱公爵夫妇抵沪，英侨在此举行盛大宴会

新楼建成开业

1873 年　1879 年　1890 年　1909 年　1910 年

美国总统格兰特卸任后访华，侨民在此举行欢迎仪式

老楼拆除，新楼奠基开工

上海总会大楼　25

20 世纪 20 年代上海总会大楼

❓ 在大门的雨篷上曾有上海总会的标志，此标志有什么含义？

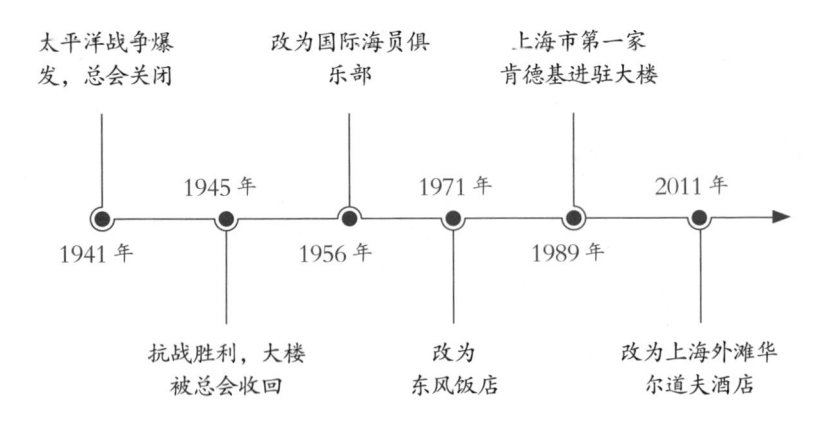

- 1941 年 太平洋战争爆发，总会关闭
- 1945 年 抗战胜利，大楼被总会收回
- 1956 年 改为国际海员俱乐部
- 1971 年 改为东风饭店
- 1989 年 上海市第一家肯德基进驻大楼
- 2011 年 改为上海外滩华尔道夫酒店

建筑顶部南北两端有巴洛克风格塔楼,请将塔楼细节补充完整。

塔 楼

上海总会大楼 27

大楼内主楼的楼梯，使用的是意大利西西里岛产的白色天然大理石。

在门厅北侧，安装有半圆形铁笼式电梯，是中国仍在使用的较古老的电梯。

电梯品牌
_____

_____

在二楼休息室的天花板上，曾经有特别的装饰——设计师运用了扑克牌中的梅花和红心图案，外国扑克中的梅花即三角花，象征和平，红心则表示爱心。大楼门内的两侧原来也有女神雕像，可惜现在这些都已不存在。

请在大楼内找到这二座石雕。

有翼天使石雕

虽然无法看到大楼内部当年的女神雕像,但在大楼里还存有两个十分精美的有翼天使石雕,像是被人遗忘已久。一个天使瞪大了双眼,另一个双目低垂,一脸不悦。

今昔对比

贴

过 去
老照片贴纸

贴

现 在
拍一张相同角度的照片贴在此处

调查报告

- 建造年代

- 建筑风格

- 柱式

- 结构类型

- 设计方

- 建造方

考察笔记

有利银行大楼

UNION
BUILDING

今中山东一路4号

有利银行总行设在伦敦，1854年设立上海分行，是英国政府早期批准的经营远东贸易的金融机构，同时也是最早进入上海的外资银行之一。

这幢大楼的立面装饰有明显的巴洛克艺术特点。

建筑的顶部为双柱亭式塔楼，顶为穹窿顶，顶上是伊斯兰风格的葫芦形顶尖，整幢建筑看起来刚中带柔，带着灵秀的气质。

亭子下部基座上有罗马式花环浮雕图案（圆窗之外框），形成了强烈的巴洛克风格。

罗马式花环浮雕图案

转角入口处为很有深度感的半圆形山花，具有典型的巴洛克建筑特征。

"巴洛克"(Baroque)是流行于十七八世纪初的艺术风格，原意是"扭曲的珍珠"。巴洛克风格的建筑特征是利用透视幻觉或增加层次来改变实际的距离感，采用波浪曲线和曲面、断檐和断山花、柱子疏密排列来增强立面空间的凹凸起伏和运动感。

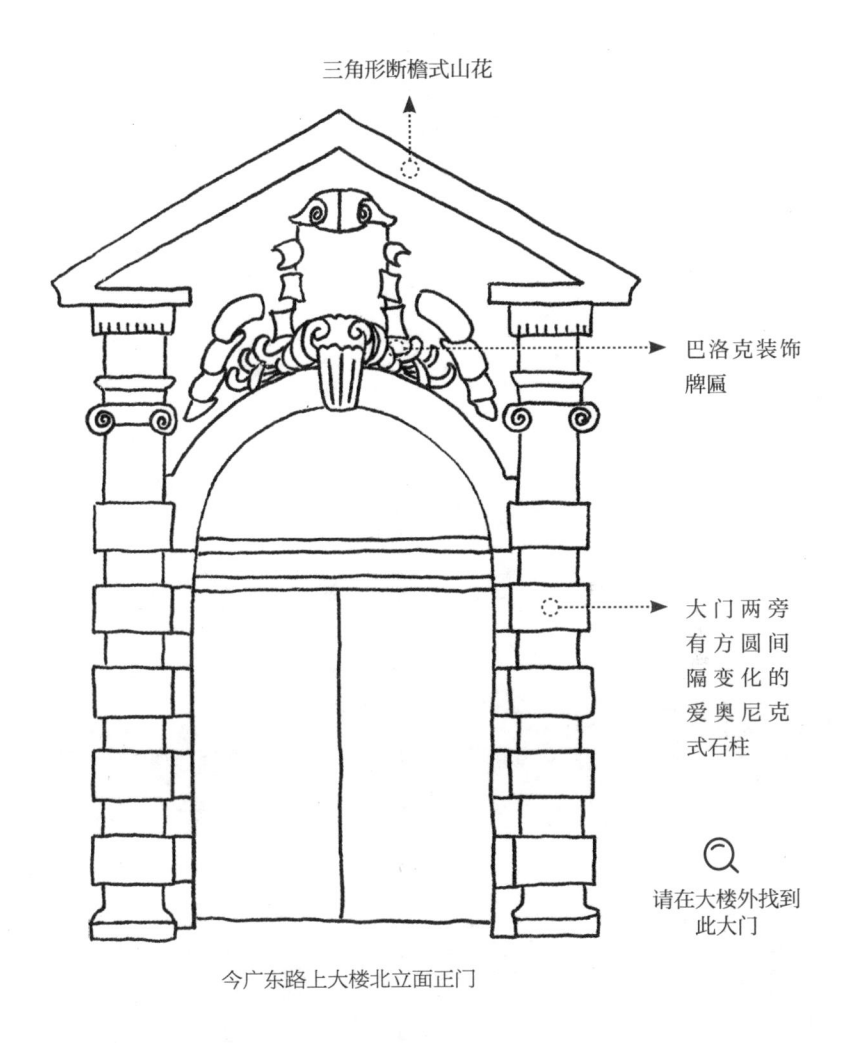

三角形断檐式山花

巴洛克装饰牌匾

大门两旁有方圆间隔变化的爱奥尼克式石柱

请在大楼外找到此大门

今广东路上大楼北立面正门

有利银行大楼　35

这幢大楼的正门门牌为广东路17号。从公和洋行地产部单据中可以看到公和洋行的地址就在广东路17号这幢大楼内。这是公和洋行在上海设计的第一幢建筑。

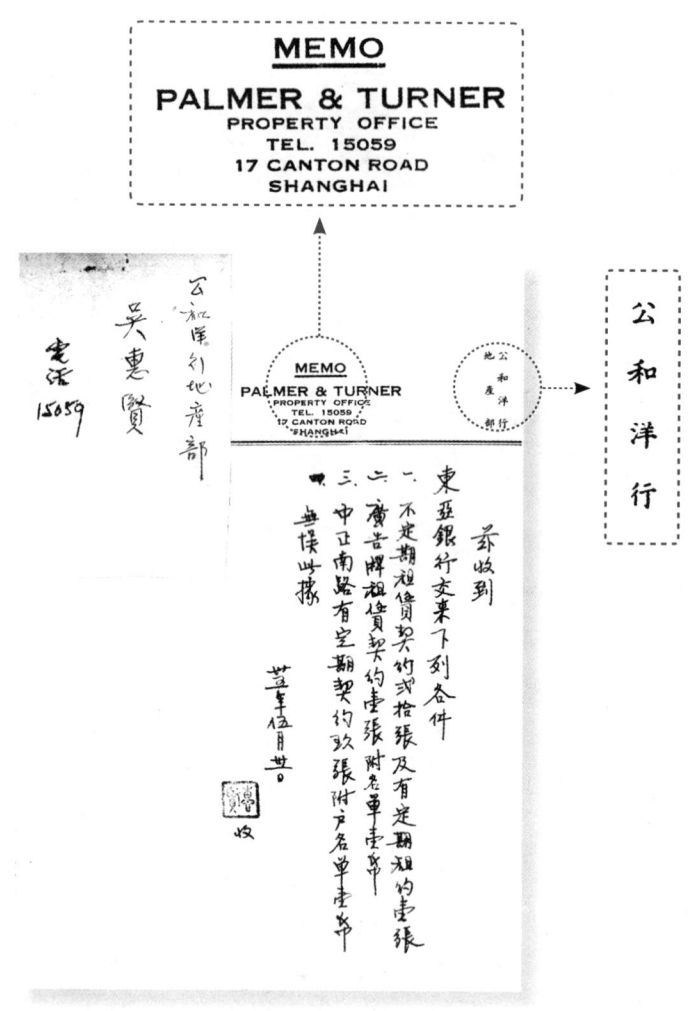

公和洋行地产部单据

公和洋行 (Palmer & Turner Architects and Surveyors) 是远东历史最悠久的建筑设计事务所，由英国皇家建筑师协会准会员巴马（Clement Palmer）和丹拿（Arthur Turner）合伙在香港创办，香港以音译叫作"巴马丹拿"。1912 年洋行委托年轻的建筑师威尔逊（George Leopold Wilson）来到上海设立分公司，并以当时惯例另取中文名为"公和洋行"。威尔逊接到的第一个任务便是承担这幢大楼的设计和监造。大楼建成之后赢得了良好口碑与赞誉，就这样，公和洋行成功登陆上海滩，迈出了关键的第一步。几年后威尔逊成了公司合伙人，继有利银行大楼之后，公和洋行在上海陆续留下了至少 30 件建筑作品，成为上海当时最大也是最重要的建筑设计机构。时至今日，它依旧以"巴马丹拿"这个名称活跃在亚洲乃至全球的建筑设计市场。

> 公 和
> *Kung-woo*
> PALMER & TURNER
> Architects, Surveyors and Civil Engineers.
> 17 Kwangtung Rd.
> (Canton Rd.)　　T. 15059
> TA: "Pyrotechny"
> *Partner:—*
> Wilson, G. L., F.R.I.B.A.,
> F.S.I., A.R.I.B.A.
> Wakeham, P. O. G., O.B.E.,
> A.R.I.B.A.
> Keen, E. E., M.I.MECH.E.,
> A.M.I. STRUCT.E.
> Pullen, A., F.R.I.B.A.

此处可以看到公司合伙人威尔逊 (Wilson) 的名字，人名后还标着 F.R.I.B.A.，这表明他是英国皇家建筑师协会 (Royal Institute of British Architects) 会员。

1948 年《上海行名录》（*DOLLAR DIRECTORY*）

? | 公和洋行在外滩建筑群中还有哪些作品？

有利银行大楼

今昔对比

贴

过 去
老照片贴纸

贴

现 在
拍一张相同角度的照片贴在此处

调查报告

- 建造年代

- 建筑风格

- 柱式

- 结构类型

- 设计方

- 建造方

考察笔记

大来大楼

ROBERT DOLLAR
BUILDING

今广东路51号、59号

大来大楼由美国大来洋行于1920年投资兴建。大来洋行是由美国商人罗伯特·大来创办。

大来大楼内有一些符号，你能找到它们吗？

大来大楼　43

大楼内还有精美的浮雕装饰,往来的船只象征着航运,还可以看到自由女神像的身影。

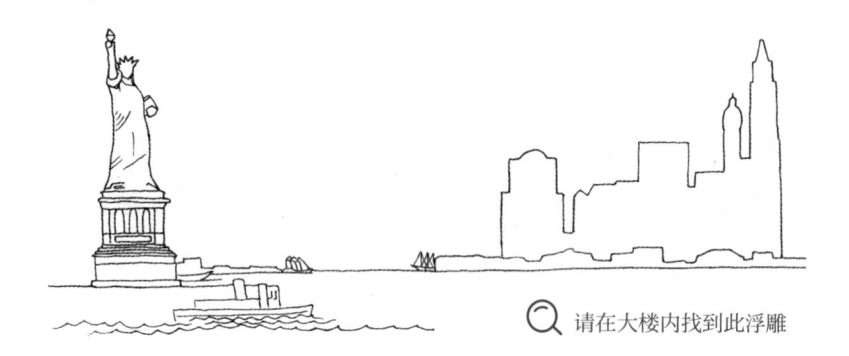

请在大楼内找到此浮雕

这幢大楼为什么会有那么多围绕航海主题的装饰符号呢?这要从大楼的名称说起。

> 贴
>
> 人像贴纸

罗伯特·大来(Robert Dollar)

该楼是以大来洋行的创办人罗伯特·大来(Robert Dollar)来命名的。"Dollar"是他的姓,"大来"的命名即来自音译,而没有根据中文意思将它称为"美元"大楼。

不过,这位大来氏似乎并不避讳自己的姓,反而像是怕别人不知道自己姓"美元"似的,将美元符号设计成了自己公司的标志。

? | 这张老照片中的浮雕现在还在吗?照片中的画面在大楼的什么位置?

大来洋行标志

THE ROBERT DOLLAR COMPANY
SAN FRANCISCO, CALIF.
SHIPPING AND LUMBER

Head Oriental Office
SHANGHAI, CHINA
General Oriental Agents for

Direct line of steel steamers to New York, Vancouver and San Francisco.

Also river passenger and freight service between Ichang and Chungking.

大来洋行广告

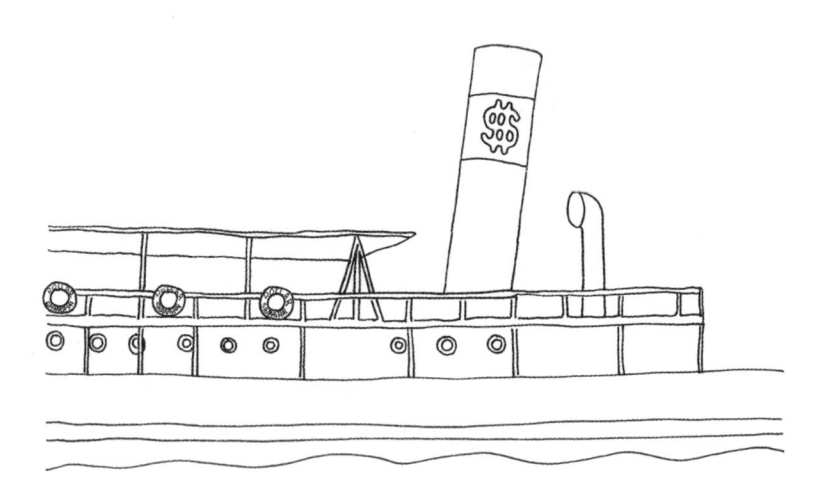

大来轮船公司船只

从大来洋行的广告和1948年《上海行名录》来看，洋行主要经营木材和航运，那这位大来氏为什么会选择这两项业务呢？

原来大来氏早年在北美以经营木材起家，后来为了方便运输木材，他就开始购买货船，之后他成立了大来轮船公司并不断扩张，先后收购了美国提督轮船公司和太平洋邮轮公司，成为美国在华最大的航运公司。这也是为什么会在大楼里看到那么多航海符号，甚至是自由女神像的原因。

```
大　來　洋　行
Dollar Co., The Robert
Lumber and Shipping.
51 Kwangtung Rd.
  (Canton Rd.)
           T. 10901, 10942
TA: "Dollar"
Elliott, W. S.
King, C. A.
Tse, K. Y.
Johnson, Capt. E. E.
Tauares, Miss C.
Kah, Miss E.
Marine Radio Dept:—
Chinn, George W., Chf.
―――
上　海　行　名　錄
```

1948年《上海行名录》

? 在历史地图上，为什么广东路51号标注的是美国总统轮船公司？

这幢大楼当年大部分房间为美国商业机构租用，比如环球无线电报公司。环球无线电报公司的符号很有特点，图中男子为古希腊神话中的赫尔墨斯，罗马人称他为墨丘利，他是众神的使者，是信使之神。他头上的帽子和脚上都有一对翅膀，象征着速度，他身后的地球对应公司英文名中的"GLOBE"。赫尔墨斯一手拿着象征使者的节杖，又称双蛇杖，另一只手里拿的像是一把拽断的电缆，是象征"无线"吗？

环球无线电报公司单据

贴

(?) 在意大利佛罗伦萨国立博物馆有一座由乔万尼·达·博隆纳创作的雕像,名叫奔跑的墨丘利,请搜索打印它的图片,并贴在此处。

今昔对比

贴

过 去
老照片贴纸

贴

现 在
拍一张相同角度的照片贴在此处

调查报告

- 建造年代

- 建筑风格

- 柱式

- 结构类型

- 设计方

- 建造方

大来大楼

考察笔记

大北电报公司大楼

GREAT NORTHERN
TELEGRAPH
CORPORATION
BUILDING

今延安东路 34 号

大北电报公司于 1869 年成立，总部设在丹麦哥本哈根，为外国资本最早在中国敷设海底电缆的电信企业。

> ❓ 在大楼入口处有一座铜像，他是谁？

入口处铜像

EDOUARD SUENSON
THE DANE WHO INTRODUSED THE TELEGRAPH INTO CHINA

大楼入口处大理石上的文字

由大理石上的文字我们可知他的名字叫爱德华·史温生（Edouard Suenson，1842—1921），是丹麦大北电报公司首任总经理。大北电报公司特地制作了他的铜像，安放在大楼的底层，以示纪念。铜像底座刻有"把电报传入中国的丹麦人"字句。1870 年，27 岁的爱德华·史温生被派到中国筹备敷设俄国与日本和中国之间的海底电缆事宜。他曾在法国的远东舰队服役，熟知中国和日本事务，而且不管是在处理行政事务，还是在管理物流和器械方面，都颇为在行。1874 年，他返回丹麦任大北公司总经理，后任该公司董事长。

> 请将下图虚线框中缺失的文字补充完整。

```
FIFTH FLOOR          五層
THIRD FLOOR          三層

FRANÇOIS D HARDIVILLIERS    行洋惠德

SULZER BROTHERS      蘇爾壽

      人人企業股份有限公司
   67  中國安利有限公司
      CATHAY ANILINE & CHEMICAL CORPORATION
      SECOND FLOOR      二層
WILH. WILHELMSEN LINE AND ( NORTHERN LINES ) 船輪威挪
BARBER-WILHELMSEN LINE   ( CHINA AGENCY LTD A/S ) 司公限有
      MEZZANINE FLOOR   夾層
      ┌─────────────┐
      │             │大北電報公司
      └─────────────┘

      華新輪船行 | 32室 | 夾層
```

大楼内现存曾经的楼层指引牌

> 曾经的宏恩医院是上海首幢安装空调设备的建筑，当时这种技术在许多西方大城市还是新鲜事物，更不用说亚洲了，而为宏恩医院开发和安装空调系统的公司就在大楼的楼层指引牌里，你知道是哪一家吗？

大北电报公司大楼

这是交通部上海电报局的符号，它看起来像是英文字符的组合，其实，它是汉字中的"电"字，中间那一笔像极了闪电，真是巧妙。

交通部水线电报来报纸

在历史地图上有一幢大楼曾经是交通部电报局总营业厅，在大楼内的地坪上目前还保留着与上图一样的符号，请在地图上找到它，并记录下大楼的信息。

自摩尔斯电码在 1837 年发明后，一直只能用来传送英语或以拉丁字母拼写的文字。直到 1873 年，法国驻华人员威基杰（S.A.Viguer）参照《康熙字典》的部首排列方法，挑选了 6800 多个常用汉字，编成了第一部汉字电码本，名为《电报新书》。后由郑观应将其改编成为《中国电报新编》。

1948 年电信总局编印的《电码新编》

马伯庸、阎乃川著：《触电的帝国：电报与中国近代史》，浙江大学出版社，2012 年版

你能破解前文中"交通部水线电报来报纸"中的内容吗？

搜索并使用"中文电码"，试着将自己的中文名字转换成电码。

大北电报公司，原址在今中山东一路7号，它与英商大东电报公司、美商太平洋商务电报公司为外商在华的三大电报公司，他们都在外滩租用此大楼。随着上海经济的发展，这些电报公司的办公用房开始显得拥挤，甚为不便。于是大北电报公司于1924年在今延安东路34号另造新楼，其余两家亦随其迁入新址。

> ? 这个符号是上文中提到的哪家电报公司的商标？
> 前文中"交通部水线电报来报纸"上的电报是通过哪家电报公司接收的？

　　现大北电报公司大楼为上海电信博物馆，在馆内可以见到清光绪年间嵌在上海电报局（今四川中路126弄21号）大门上方"电报沪局"石质招牌。

📎 请在历史地图上标出上海电报局的位置。
请在历史地图上标出大北电报公司原址。

🔍 很多资料里提到大北电报公司大楼内有象征丹麦的装饰符号，你能找到吗？

✏️ 请在上海电信博物馆内阅读信息，将上海电信发展史中的重要事件填写在上方时间轴上。

今昔对比

贴

过去
老照片贴纸

贴

现在
拍一张相同角度的照片贴在此处

调查报告

- 建造年代

- 建筑风格

- 柱式

- 结构类型

- 设计方

- 建造方

考察笔记

永年人寿保险公司大楼
CHINA
MUTUAL
LIFE
INSURANCE CO.
今广东路93号

永年人寿保险公司是由英国人创办的保险公司，于 1898 年（清光绪二十四年）在上海成立，是最早进入中国市场的保险公司。

> ❓ 建筑的大门上有彩绘玻璃符号，它代表什么呢？（调查线索：上海市历史博物馆）

彩绘玻璃符号

> ✏️ 请写出彩色玻璃上"C.M.L.I.C.LD."的全称
> _____

在上海市历史博物馆陈列着一件展品，那是一张盐业银行在永年人寿保险公司办理的火险单，上面有这家公司的英文全称，由此可以推断出那些英文字符的含义。

THE CHINA MUTUAL LIFE
保险有限公司　火险部　英商永年人寿
INSURANCE COMPANY LIMITED.

火险单

> ✏️ 请在上方火险单的虚线框里画出这家公司的商标

64　探秘大上海：穿越时空去旅行

请试着将下方两个符号的字母涂色,并解开它们的含义。

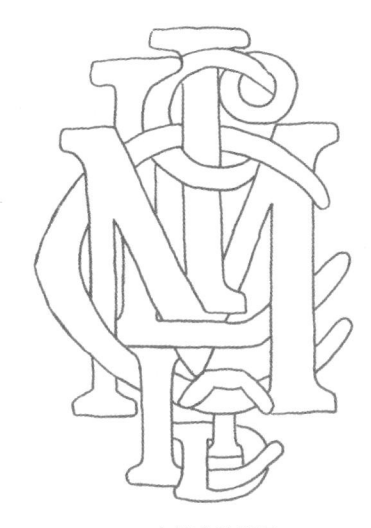

大楼内的符号

大楼外的符号

永年人寿保险公司大楼

| 贴

人像贴纸 |

虞洽卿

第一次世界大战爆发后，永年公司的生意遭遇重创，于是将这幢大楼的大部分楼面卖给了虞洽卿的三北轮埠公司，故此楼一度又称"三北轮船公司大楼"。

虞洽卿是近代上海的一位传奇人物，如今上海的西藏中路就曾以他的名字命名。

虞洽卿

下图为中美航运界两位代表人物的合影，分别是三北轮埠公司的虞洽卿与大来轮船公司的罗伯特·大来，两人的公司也离得很近，相隔一条马路。

虞洽卿与罗伯特·大来

三北轮埠公司的商标

? | 三北轮埠公司的"三北"是指哪三个地方？

历史地图上显示这幢大楼里有一家三慰公司，它是否和虞洽卿的三北轮埠公司有联系呢？

1946年出版的《上海进出口贸易商行名录》显示，三慰公司的经理名叫"虞顺慰"，他是虞洽卿的第三子，美国密歇根大学经济学硕士，曾任上海市轮船商业同业公会理事，三北轮埠公司、三慰公司总经理、华业保险公司、中国建业贸易公司常务董事、南洋模范中学董事长。

虞顺慰出身豪门，平时喜爱集邮、农艺、高尔夫球、游泳和骑马。在日常生活中，他处处追求新颖独特。他曾花巨资购进了坐落在华山路上的周家花园，将其更名为"蕊园"，又设法将门牌号码编为"555"号。据说，他乘坐的自备汽车中，有一辆是当时上海独一无二的红色"派克"名牌车，车牌号码"11111"。

贴

人像贴纸

虞顺慰

> 仔细观察虞顺慰住址电话与三慰公司电话，你能发现其中有趣的地方吗？

在大楼外底层半圆券窗之间的墙上有石雕装饰，这种建筑装饰被称为"Cartouche"（漩涡花饰），是很典型的巴洛克装饰牌匾，多为椭圆形，其边缘形状类似纸卷，通常用于镌刻文字。这栋建筑上的漩涡花饰上就刻凿着"中贸"的阴文字样，这两个字的含义可以在历史地图上很轻易地找到答案，便是"中贸银行"。

请在大楼外找到此石雕

石雕装饰

中贸银行是一家怎样的银行，是谁创办的？

永年人寿保险公司大楼

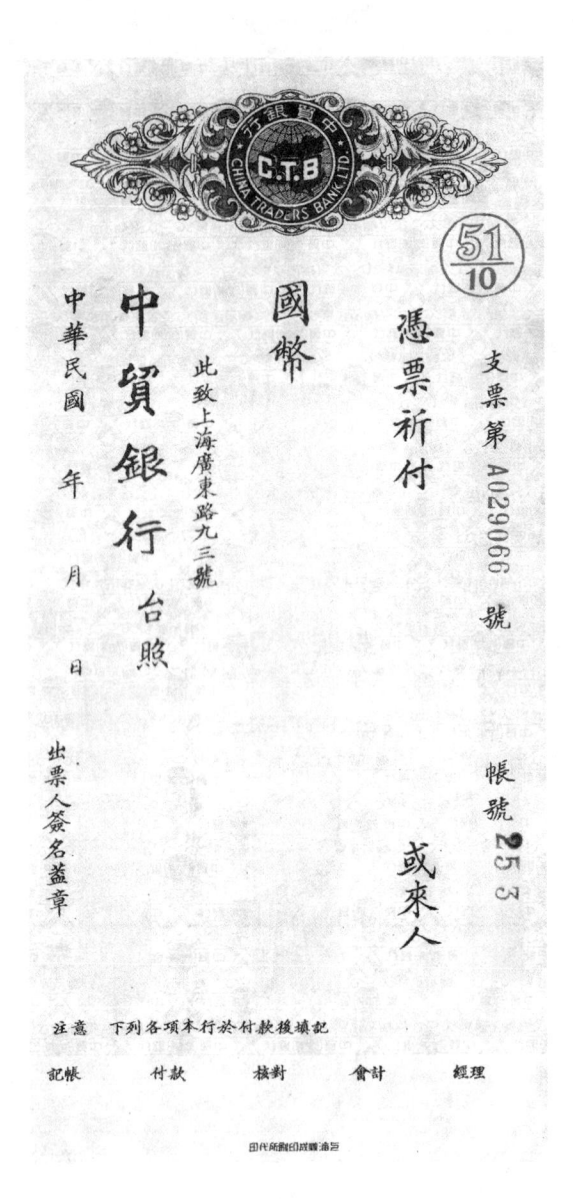

中贸银行支票

大楼内部门厅上部的穹隆顶，嵌有金色与彩色马赛克镶拼成的人物画像，九位女神围绕着中央的花环舞蹈，婀娜多姿，一旁还有可爱的小男孩儿。

营业大厅的门楣上，还有两块雪白的人物浮雕，浮雕中的儿童和妇女栩栩如生，线条柔美生动。

马赛克小男孩儿图案

这栋建筑最引人注目的地方便是它的彩色镶嵌玻璃窗，这些制作精美的彩窗均由土山湾天主教孤儿院出品。很多资料显示这些彩色镶嵌玻璃窗描绘的主题是西方宗教故事，画中的人物有耶稣、圣母等，寓意"上帝保佑"客户长寿。西方教堂里也有类似主题的彩绘玻璃，但这里的彩色镶嵌玻璃又似乎有些不同。

📎 | 请找到大楼里的彩绘玻璃图案，并将贴纸贴在对应处。

贴

贴

大门两侧彩绘玻璃人物图案

这些彩色镶嵌玻璃的主题更像是关于不同的美德。

这个图案象征着智慧,在西方,猫头鹰和书本都是智慧的象征,图案下面的"WISDOM"也证实了这点。

贴

智慧

此图案中的女子手持镜子，看到这个画面很多人都会认为它象征"真理"（拉丁文：TRVTH），可真的是这样吗？如果你将视线往下移，就会发现女子的脚下竟然有一条蛇，这个形象其实是"审慎"（PRUDENTIA）的常见形象。

真理
（请注意玻璃上的TRUTH是反的）

图中的女子一手持宝剑，一手举着象征时间的沙漏，画面下的"PRVDENTIA"是拉丁文，意为"审慎"，但在西方许多绘画或雕塑中，"审慎"是有特定形象的，如前文所言，画面通常由女子、镜子与蛇构成。

审慎

图中男子头戴皇冠,穿戴着国王的加冕礼服饰以及配饰。右手握权杖,左手握"主权之球"(英文为Sovereign's Orb,拉丁文为Globus Cruciger)。此镶嵌玻璃与其他玻璃不同,它没有任何文字注释,你觉得它代表着何种含义呢?

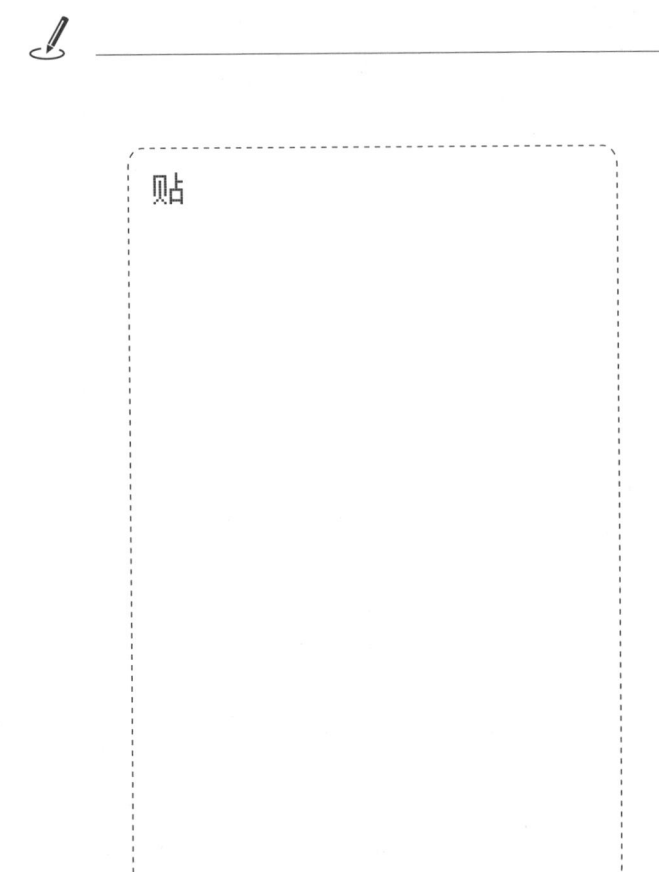

贴

"FORTITVDE"是坚韧、刚毅的意思，画面中的男子一只手持的是断剑，另一只手握着的可能是旗杆。

贴

坚韧

? | 你觉得这些彩色镶嵌玻璃描绘的是什么主题呢？

今昔对比

贴

过 去
老照片贴纸

贴

现 在
拍一张相同角度的照片贴在此处

调查报告

- 建造年代

- 建筑风格

- 柱式

- 结构类型

- 设计方

- 建造方

考察笔记

企业大楼

LIEU
ONG KEE
BUILDING

今四川中路 33 号

企业大楼原名中国企业银行大楼。中国企业银行为中国著名实业家刘鸿生所创办。1930 年，刘鸿生以企业银行所募集的部分资金建造了该大楼。

这幢大楼是典型的装饰艺术派 (Art Deco) 风格，建筑外部以竖线条划分立面，显示出大楼的高耸感，既简洁又生动，窗间墙以黄褐色釉面砖装饰，细部装饰使用抽象几何形装饰母题。

装饰艺术派是兴起于 20 世纪 20 年代的艺术风格，此风格善于运用多层次的几何线型及图案，如直线形、阶梯形、放射形、螺旋形、V 字形及倒 V 字形、长方形、三角形等等，重点装饰于建筑内外门窗线脚、檐口及建筑腰线、顶角线等部位。

图案完全对称，且不断重复，可以看出是工厂生产与艺术设计的融合。

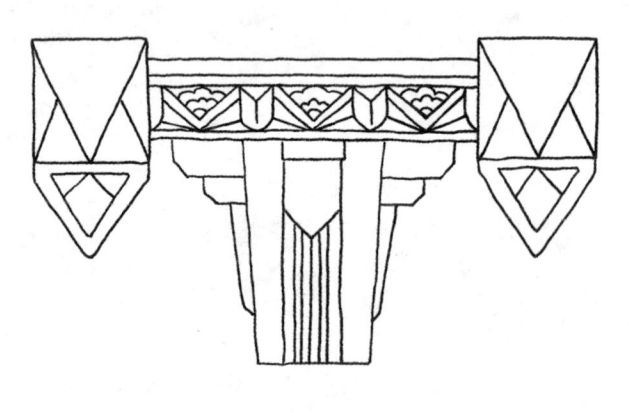

大楼细部装饰

> ? 外滩地区还有哪些典型的装饰艺术派建筑？

请拍摄或画出这幢大楼其他细部装饰纹样

20 世纪 20 年代，刘鸿生已成为拥有多家轻纺、化工、建材公司的实业巨子，这样一位实业家怎么会费精力去办银行呢？

原来，他旗下公司的资金周转、经济结算等，一直是由银行汇划和结算，经常受到银行挟制。刘鸿生认为，银行的人最现实，当客户有事急用钱的时候，银行总是推说现金流紧张，贷款有困难；即使客户好不容易借到了钱，也等同于饮鸩止渴，因为要接受银行的高利息条件，自己辛苦赚来的利润大部分要用于偿还银行的利息，而且还要忍受银行时不时地催款。为了不再仰人鼻息，也为了使自己的企业资金更为畅通，刘鸿生考虑自己开办银行，扶持旗下企业发展。于是他联合华商实业家组建银行，并命名"企业银行"。根据1931年颁发的《银行法》，一般银行必须用相当于银行营业资本的道契、房产、有价证券，向国家银行抵押，以便一旦发现银行有亏空时，赔偿客户损失。由于抵押后的地产、证券不能升值，故有些银行很多在地产上建房，向国家银行作抵押，随后再利用房产出租升值。1930 年，刘鸿生以企业银行所募集的部分资金建造大楼，除了自己旗下企业使用外，其余各层房间全部出租。

拓展线索

刘鸿生旧居位于今肇家浜路 687 弄 7 号、8 号，建于 1948 年，现代风格花园住宅。南向共同拥有一个大花园。主楼为二层砖混结构，附楼三层。红瓦坡顶，红色硬陶面砖贴饰外墙，南侧底层建有红砖方柱外廊。刘鸿生于 1950 至 1956 年在此居住。

贴

人像贴纸

刘鸿生

刘鸿生，年四十九岁（公历 1888 年生）。浙江定海人。圣约翰大学名誉博士。曾任国营招商局理事兼总经理。现为开滦矿务局售品处华总经理、大中华火柴公司、上海水泥公司、中华煤球公司、章华毛绒纺织公司、中华码头公司董事兼总经理、华丰搪瓷公司、中国企业银行、中国企业经营股份有限公司、炽昌新制胶股份有限公司、上海煤业公栈股份有限公司董事长、上海煤业银行、新通贸易公司、元泰股份有限公司、泰山保险公司、舟山轮船公司、大华保险公司等董事、中国国货银行监察人、中华工业总联合会委员、中国航业合作社理事、圣约翰大学主席校董。

——1936 年《上海工商人名录》

刘鸿生

❓ 📎 此大楼的 8 楼入驻了汉冶萍煤铁厂矿有限公司,你了解这家公司吗?

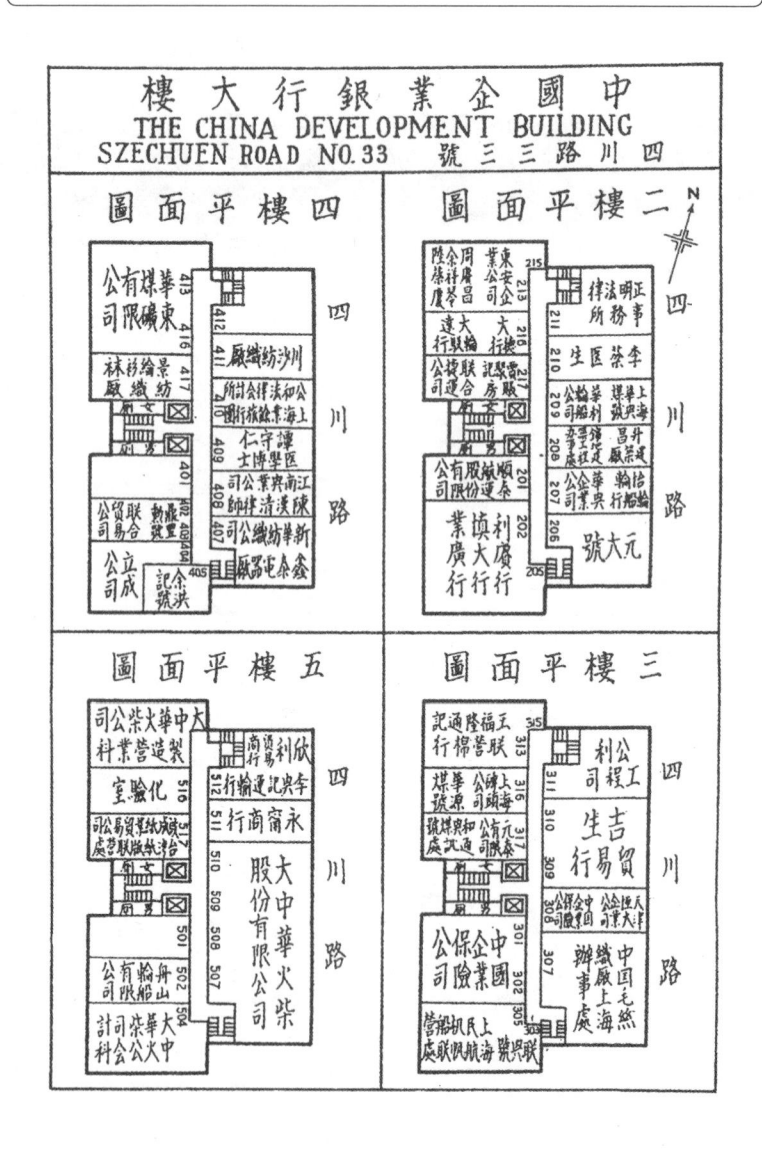

中國企業銀行大樓
THE CHINA DEVELOPMENT BUILDING
SZECHUEN ROAD NO.33 四川路三三號

四樓平面圖

二樓平面圖

五樓平面圖

三樓平面圖

86　探秘大上海:穿越时空去旅行

刘鸿生将自己各个企业的事务所，都集中到这幢大楼，这里成了刘氏企业的大本营。请用笔在两页楼层平面图上圈出刘鸿生旗下的企业。

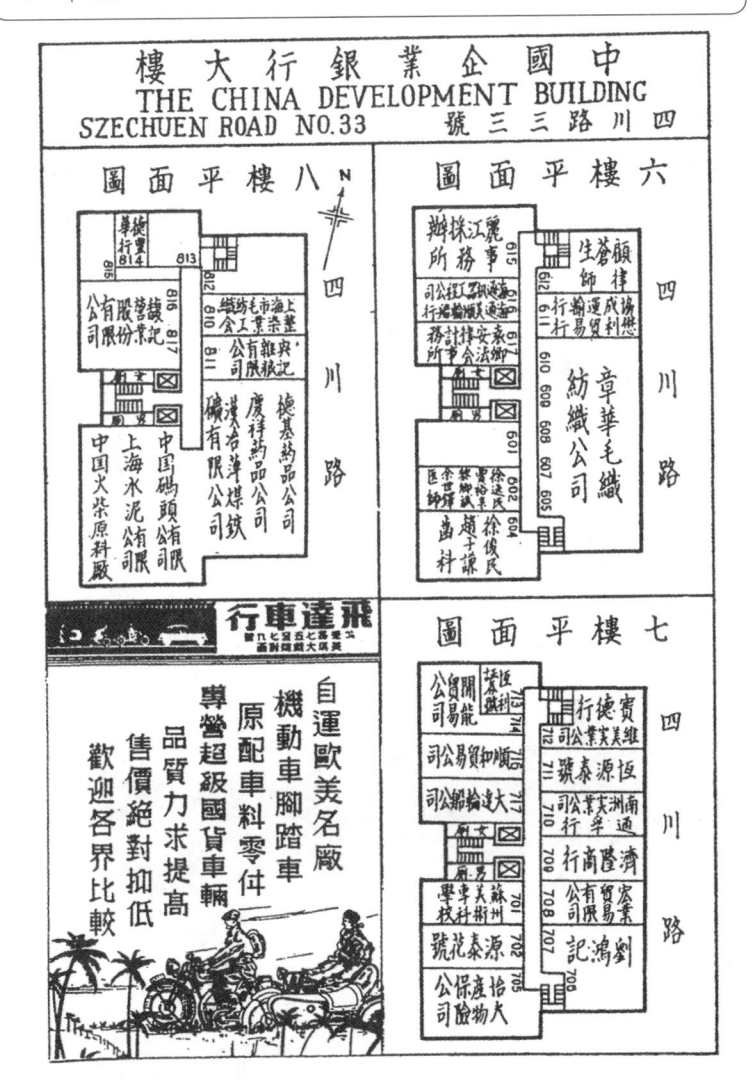

中国企业银行大楼
THE CHINA DEVELOPMENT BUILDING
SZECHUEN ROAD NO.33　四川路三三号

八楼平面图
- 814 华丰行
- 813
- 816 中棉营业股份有限公司
- 817 大中实业公司
- 811 上海毛织市兴记布杂粮有限公司
- 汉祥准记报有限公司
- 德基药品公司
- 庆祥准记煤铁矿业有限公司
- 中国码头有限公司
- 上海水泥有限公司
- 中国火柴原料厂

六楼平面图
- 615 丽江珠办事务所
- 612 顾苍生律师
- 恒利贸易运输行
- 611 钮安华会计师事务所
- 江顺轮船行
- 610 609 608 章华毛织纺织公司
- 607 605
- 601
- 602 徐廷民齿科
- 604 顾子谦牙科
- 曹耀诚税务

七楼平面图
- 公 开 恒 利 行
- 713 714 宝德行
- 712 维美实业公司
- 顺 抑 贸易公司
- 711 恒源泰号
- 大 通 轮 船 公 司
- 710 通甬实业公司
- 709 济昌商行
- 701 苏州美术学校
- 702 源泰花号
- 708 707 宏业贸易公司 刘鸿记
- 大冶恰保险公司
- 705 700

这张鸿生火柴厂的火花上有"O.S."字样，它有什么含义呢？

从1948年《上海行名录》中可以看到刘鸿生的英文名便是Liu, O.S.。刘鸿生为什么会取这个奇怪的英文名呢？

当时国人取英文名大体会依照威妥玛拼音（简称"韦氏拼音"）拼写，但也会以不同地方的方言发音来拼写，他的名字很可能是基于沪语发音。

1948年《上海行名录》

刘鸿生后来将鸿生火柴厂与另外两家火柴厂合并，组成了家喻户晓的大中华火柴公司，时人称他为"火柴大王"。

贴

鸿生火柴厂火花

大中华火柴公司火花

[贴]

飞轮

[贴]

月兔

[贴]

童马

[贴]

五福

刘鸿生不仅被誉为"火柴大王"，他还是"水泥大王"。1920年，刘鸿生创办了华商上海水泥公司（1946年改名为上海水泥股份有限公司），1923年投入生产。1921年，靠承包土木工程建设起家的姚锡舟在江苏龙潭创办了中国水泥公司，1923年投入生产，并于1926年兼并了太湖水泥厂。这样，国内水泥行业形成了启新、华商、中国的三足鼎立之势，在中国市场上演了持续十多年的水泥大战。

上海水泥股份有限公司
SHANGHAI PORTLAND CEMENT WORKS, LTD., THE
Manufacturer and Distributor of "Elephant" Brand Portland Cement.
Office:
33 Szechuen Rd. (C),
8th Fl., Shanghai (0)
Factory:
Near Lunghwa Aerodrome
TA: "Saynikunse" or "3136"
T. 19367, 15253
Peng, K. H., *Gen. Mgr.*
Lieu, N. L., *Mgr.*
彭開煦
劉念禮

"象"牌水泥

事务所：四川中路33号8楼

工厂：龙华机场附近

刘鸿生第三子：刘念礼

1948年《上海行名录》

? 刘鸿生为什么要选择在龙华建水泥厂？
龙华（徐汇滨江）现在是否还有水泥厂遗迹？

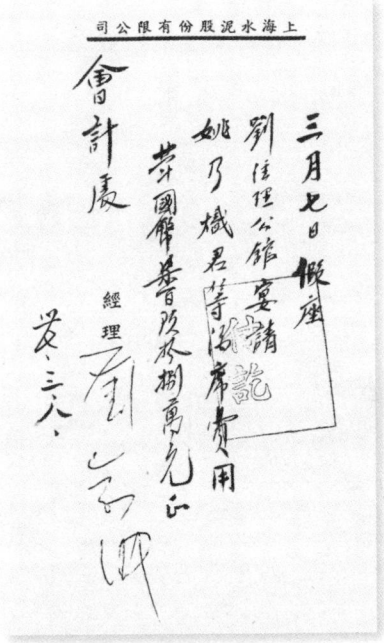

> 📎 请在这张单据中找到另一家水泥公司的踪迹。

上海水泥股份有限公司单据

刘鸿生第三子 刘念礼

企业大楼

今昔对比

贴

过 去
老照片贴纸

贴

现 在
拍一张相同角度的照片贴在此处

调查报告

- 建造年代

- 建筑风格

- 柱式

- 结构类型

- 设计方

- 建造方

企业大楼

考察笔记

庆丰大楼

QING FENG
BUILDING

今延安东路160号

庆丰大楼因庆丰纱厂曾设此而得名，在1947年《上海市行号路图录》中可以看到，这幢大楼里曾经入驻了多家报社。

1947年《上海市行号路图录》中的庆丰大楼

? 在大楼西边的铸铁大门上有连续重复的字符CSAC，它代表着什么含义？

? 大楼内有一铸铁镂空立杆，它有什么用途？

庆丰大楼

? 仔细观察下面的 3 份票据，除了地址外，它们还有其他哪些共同之处？ 为什么 3 份票据中，有的地址是 Chung Cheng Road，有的地址是 Avenue Edward VII？

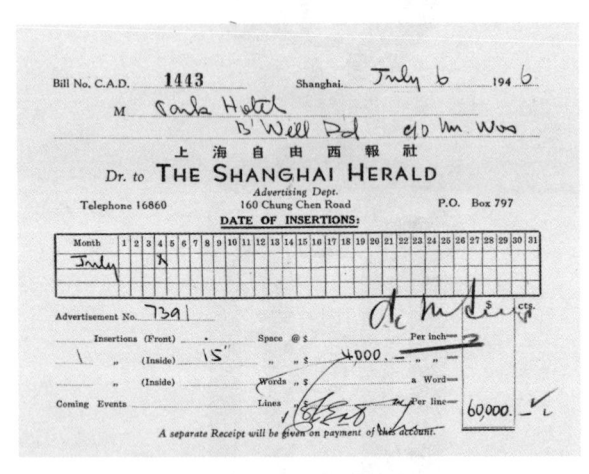

上海自由西报社票据正面

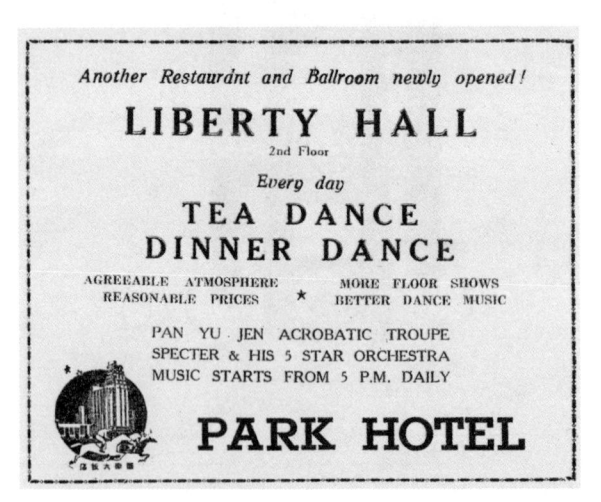

上海自由西报社票据反面

大陆报馆票据

《自由论坛报》票据

2017年，上海市黄浦区为这幢大楼挂上了保护铭牌，它被称作"庆丰大楼"，因庆丰纱厂曾设此而得名。其实，这幢大楼还有其他的名字。在1947年《上海市行号路图录》的大楼楼层平面图里它被称作"泰晤士大楼"，它为什么会有这样的名字呢？

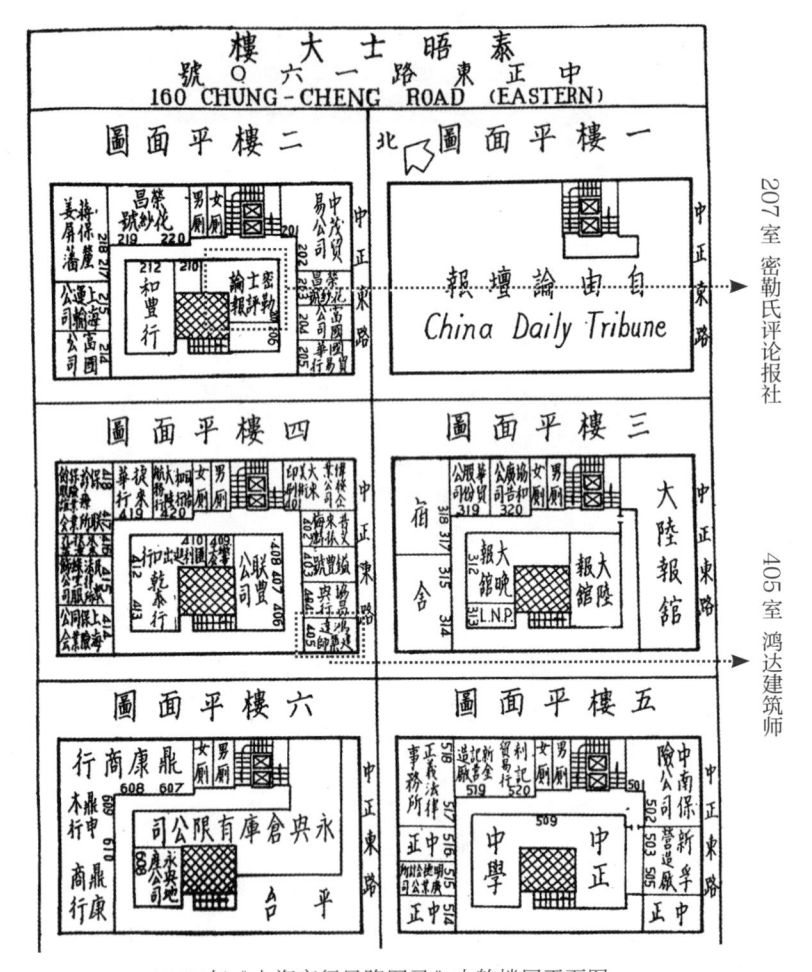

1947年《上海市行号路图录》中的楼层平面图

原来，大楼内曾经有一家泰晤士报馆。1940年出版的《上海市工商行名录》中，显示泰晤士报馆的英文名全称是 *Shanghai Times & Shanghai Sunday Times*。在老照片中我们也可看出，大楼门口曾经就悬挂有泰晤士报馆的标牌。

泰晤士报馆
Shanghai Times &
S'hai Sunday Times
爱多亞路一六〇號
郵政信箱：七九七
電話：一六八六〇

1940年《上海市工商行名录》中的泰晤士报馆

泰晤士报馆

🔍 请在大楼的墙上找到两块泰晤士报标牌遗留下来的痕迹。

📎 这幢大楼除了"庆丰"与"泰晤士"两个名字外，在民国时期还有一个名字，你能发现它吗？

庆丰大楼 101

> 现在上海的英籍报纸共二种，一是字林报，一是泰晤士报。泰晤士报本来是美国人白许 (J. H. Bush) 创办的，而且是美侨社会的言论机关。始刊于 1901 年，柯林 (G. Collinwood) 主笔。吸收《体育与清谈报》后，名《上海泰晤士报暨体育与清谈报》。1906 年，为欧希 (John O'Shea) 所购，自任主笔。一九一四年，又归于英人诺丁汉姆 (E. A. Nottingham)，自此遂为英籍的报纸。又从这年起，仍恢复《上海泰晤士报》简单的名称。
>
> ——胡道静 《上海的日报》 1935 年

这幢大楼里还有很多入驻单位，207 室曾是著名的《密勒氏评论报》，《密勒氏评论报》原名"*Millard's Review of the Far East*"，后改名为"*The China Weekly Review*"，由美国人托马斯·密勒 (Thomas F. Millard) 于 1917 年在上海创办。此处收录的密勒氏评论报收据里出现了"Millard Publishing CO."这一公司名便是来源于密勒的名字。笔者探秘装备里有一本 1931 年的《中国名人录》(*Who's Who in China*) 也是由这家报馆发行，在书中可以看到《密勒氏评论报》的主编和发行人为同一人，名叫"J. B. Powell"，他是谁呢？

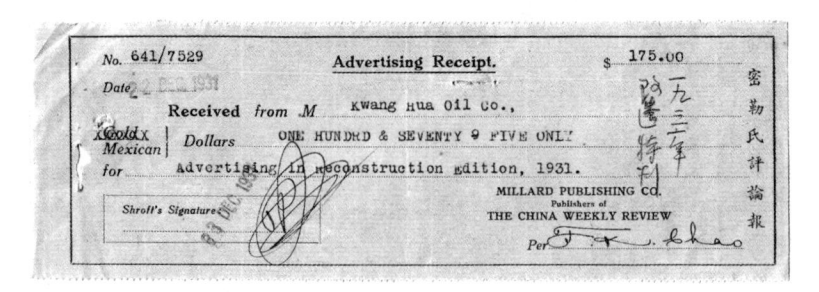

《密勒氏评论报》收据

"J. B. Powell"全名约翰·本杰明·鲍威尔（John Benjamin Powell），又被称为"老鲍威尔"。他来自美国，于1917年受聘于密勒，1918年底担任《密勒氏评论报》主编，1922年鲍威尔正式收购了该报产权，在此后20年的时间里，鲍威尔一直是该报的主编和发行人，他一生坚守新闻自由和客观公正的原则，无论面对来自何方的压力，从来都是秉笔写春秋的耿硬姿态。他曾撰写过一本回忆录——《我在中国的二十五年》（*My Twenty Five Years in China*）。

1948年的《上海行名录》中《密勒氏评论报》一栏可以见到"Powell, J. W."这个名字，他是老鲍威尔（J. B. Powell）的儿子，全名是约翰·威廉·鲍威尔（John William Powell）。此时，老鲍威尔已去世，他接替老鲍威尔在上海续办《密勒氏评论报》。小鲍威尔坚守他父亲的新闻理念，父子俩人的新闻精神让人由衷敬佩。

1948年《上海行名录》中的《密勒氏评论报》

> 1917年2月初的一天，我搭乘的一艘小货船，缓缓地靠上了上海虹口码头。
> ……
> 我这次东方之行，是受美国密苏里大学一位毕业生，在远东地区负有盛名的记者托马斯·富兰克林·费尔法克斯·密勒电邀，到上海帮助他创办报纸。大概是命中注定吧，我要在这地球上政局最动荡的地区呆上25年，来从事报业生涯。
>
> ——鲍威尔《我在中国的二十五年》

贴

人像贴纸

约翰·本杰明·鲍威尔（J. B. Powell）

约翰·本杰明·鲍威尔

> ❓ 老鲍威尔后来为什么会双脚截肢？"鲍威尔事件"发生了什么？
> 老鲍威尔与美国著名记者埃德加·斯诺有什么联系？

> 📖 [美]约翰·本杰明·鲍威尔著，刘志俊译，《我在中国的二十五年》，译林出版社2016年版。

喜欢上海老建筑的人应该对邬达克这个名字非常熟悉，他是匈牙利籍建筑师。其实除了邬达克，同时代还有另一位匈牙利籍建筑师（也有文献认为是奥地利），他就是鸿达（Charles Henry Gonda），鸿达洋行以他的名字命名。这家接过不少大单子的建筑设计事务所，其当年的地址就在延安东路160号的405室。

```
鴻達建築公司
GONDA, C. H., B.A.
Architect.
160 Chung Cheng Rd.
(Avenue Edward VII),
Rm. 405          T. 14341
Gonda, C. H., B.A., Arch.
Chue, S. T., Asst. Arch.
Liu Y. D., Asst. Arch.
```

1948年《上海行名录》中的鸿达建筑公司

> ❓ 鸿达在上海的主要作品有哪些？

今昔对比

贴

过 去
老照片贴纸

贴

现 在
拍一张相同角度的照片贴在此处

调查报告

- 建造年代

- 建筑风格

- 柱式

- 结构类型

- 设计方

- 建造方

考察笔记

华商纱布交易所大楼

CHINESE
COTTON GOODS
EXCHANGE,LD.

今延安东路 260 号

华商纱布交易所，是上海各华商纱厂联合创办的纺织物交易组织，发起人是上海纱布业巨头荣宗敬、穆藕初等。

这是一张华商纱布交易所在 1923 年元旦举行落成礼的老照片，在大楼门口有两面巨大的旗帜，其中一面有个特别的符号，你知道它的含义吗？

这个符号还出现在了这家交易所的股票上。

上海华商纱布交易所新建筑落成纪念摄影

在这家公司的股票上有"理事长穆藕初"等字样。穆藕初是当时上海工商界名人,你对他是否了解呢?穆藕初对近代中国有哪些影响?

贴

上海华商纱布交易所股份有限公司股票

贴

大楼内彩色玻璃装饰图案

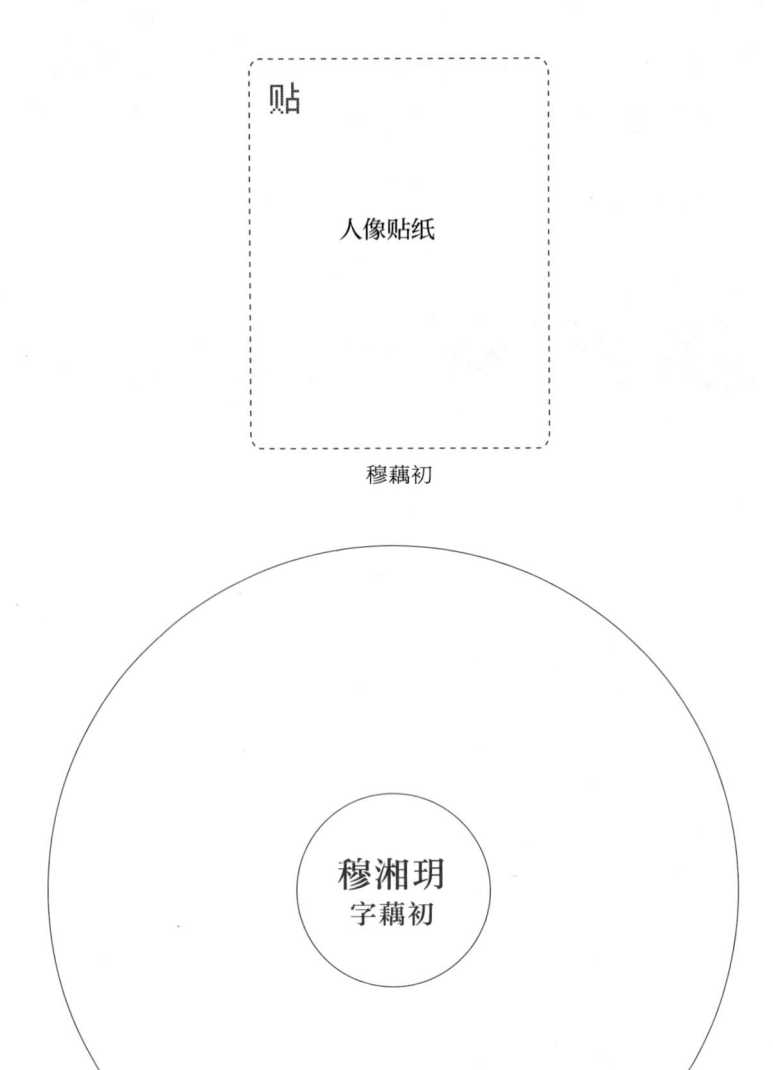

贴

人像贴纸

穆藕初

穆湘玥
字藕初

地坪上的熊猫图案

大楼内的地坪上有只憨态可掬的熊猫，场馆里除了这只以外，还有一只吃竹子的熊猫，你能找到它并画下来吗？

这幢大楼为什么会有熊猫符号呢？

今昔对比

贴

过 去
老照片贴纸

贴

现 在
拍一张相同角度的照片贴在此处

调查报告

- 建造年代

- 建筑风格

- 柱式

- 结构类型

- 设计方

- 建造方

考察笔记

普益大楼

SZECHUAN
BUILDING

四川中路 106—110 号

普益大楼原为美商普益地产公司办公楼。普益地产公司于1922年在上海成立，主要经营房地产。

普益地产公司由弗兰克·雷文（Frank Jay Raven）创办。雷文毕业于加利福尼亚大学，后成为土木工程师，在上海公共租界工部局工程处任职，对上海租界的规划和建设情况比较熟悉。在离开工部局之后，他先后创办了普益银公司、美丰银行、普益地产公司以及美东银公司。然而，在1935年5月，雷文突然被美国法院传唤，押回美国受审，美丰银行及在华各地分行宣告倒闭，其他几家公司也宣告清理和改组。

这是普益地产公司的商标。如今，在上海瑞金一路上的一栋老公寓里依然能看到这个符号。

> 普益地产公司商标底部字符 ARCo 的英文全称是什么？

> 雷文是如何起家的？他破产的主要原因是什么？

上海美丰银行票据

上海美东银公司票据

雷文签名

普益地产公司曾投资兴建过一个项目,名叫"哥伦比亚住宅圈"(Columbia Circle),又名"普益模范村",位于当时哥伦比亚路与安和寺路附近。普益地产公司雇用的执行经理——匈牙利人何三道(Hugo Sandor)选择了同样来自匈牙利的建筑师邬达克担任总设计师,为哥伦比亚住宅圈设计花园别墅。别墅建成后,搬入的居民多为上海政界、商界的各国侨民,这里成了外国中上阶层的后花园。英国著名作家巴拉德(James Graham Ballard)曾居住在番禺路508号,当时的门牌号码为安和寺路(Amherst Av)31号。

> 请在道具中的历史地图上找到并标出巴拉德故居。
> 拍摄一张巴拉德故居的照片贴在历史地图反面。

> 《太阳帝国》,[英]詹·格·巴拉德/著,董乐山/译,上海译文出版社2010年版

普益大楼 119

仔细观察普益地产公司的水费收据，并与你近期收到的水费单作比较，请记录下金额。

普益水费收据　金额：_____

你的水费收据　金额：_____

? | 什么是金圆券？

? | 普益地产公司开具水费收据时，上海的物价水平如何？试分析原因。

普益地产公司信封

贴

人像贴纸

范文照

近代著名建筑师范文照的事务所曾在这幢大楼里，范文照在1946年曾担任美生会（共济会，West Lake Lodge）的会长。请联系范文照的人生经历，试分析他为什么会选择将自己的事务所开在这幢大楼？

? 范文照在上海有哪些作品？

范文照

今昔对比

贴

过 去
老照片贴纸

贴

现 在
拍一张相同角度的照片贴在此处

调查报告

- 建造年代

- 建筑风格

- 柱式

- 结构类型

- 设计方

- 建造方

普益大楼

考察笔记

卜内门大楼

BRUNNER,
MOND & CO.

四川中路 133 号

卜内门大楼原为英商卜内门洋碱有限公司所在地，该公司创建于1873年，总部在伦敦，主要经营洋碱、颜料、靛青、肥料及化学药品，以进口商品为主。

这幢大楼曾经最引人注目的是东立面与南立面墙上的雕塑。东立面正大门上方两侧与上端圆柱底部之间曾塑有两个大型的扛柱力士（又称"阿特兰特"Atlant），大力士两侧饰有飞鸟，这种飞鸟形象和希腊神话中的格里芬（Griffin）十分相似，是一种鹰首狮身的有翼神兽。六层中央三角形山花两肩原塑有一对狮子，但却长着翅膀，原汇丰银行大楼的壁炉架（现收藏于上海市历史博物馆）上有类似的装饰。在威尼斯，有翼狮被称作"圣马可飞狮"。

卜内门大楼上的这些雕塑如今都已消失，不过，在建筑的大门上还保留着狮子形象的铜铺首。

飞鸟雕塑

阿特兰特雕塑

铜铺首

请在大楼外找到此铜铺首

在卜内门大楼拱门的拱心石上曾经有一个精美的石雕装饰牌匾，上面有月牙符号，还有一些英文字符，这些字符有什么含义呢？

石雕装饰牌匾

英商卜内门洋碱有限公司 1948 年的收据显示其英文名是：

_____

在该公司的一份名为块碱制造法小手册上有一个图案，它与牌匾上的符号十分相似，一弯月牙的下方是一串字符，写着：

_____

手册底部印着公司英文名：

_____

下面还印有 1921，与装饰牌匾里的年份一致。

装饰牌匾的字符就是：

_____ 的缩写。

这是卜内门洋碱有限公司的商标,又称作"娥眉月牌"。在上海,曾有一条娥眉月路(现为愚园路1203弄),是1920年前后英商卜内门洋行为便于通行而辟筑。公司的商标为娥眉月,此路身略呈新月形,故名。当时卜内门在路的南端建造了大花园洋房若干幢,供该洋行外籍高级职员居住,北端路口设置大门,雇印度人看守。在愚园路上曾设有电车站娥眉月路站。

块碱制造法小手册

何谓洋碱?1861年比利时化学家索尔维发明了氨碱法制碱工艺,这种广泛用于制造肥皂的化工原料被称作"纯碱"。当它投向中国市场时,给中国传统洗涤带来了一次根本性的变革。我国传统的洗涤用品是草木灰、皂荚、茶饼之类。随着肥皂逐渐成为中国人的日用品,外国人开始在上海办起肥皂厂,于是这种碱也大量进口,被称为洋碱。

? 搜索了解中国古代洗涤用品,搜索"潘"的相关资料,自制潘汁,并记录潘汁去污的功效。

卜内门公司由英国企业家卜内（Sir John T. Brunner）与发明家门氏（Dr Ludwig Mond）合伙创建于1873年，总部设在伦敦。在1926年，卜内门公司与其他3家当时英国最大的化工公司合并改组成为ICI集团（英国帝国化学工业集团）。这家ICI集团非常有名，它旗下有个建筑装饰漆品牌，相信很多人都听说过，名叫"多乐士"（Dulux）。有趣的是，尽管公司已经改组成为ICI集团，但在中国仍然沿用中文译名"卜内门"，这就是为什么这家公司的中文名字没变，英文名却有两个的原因。

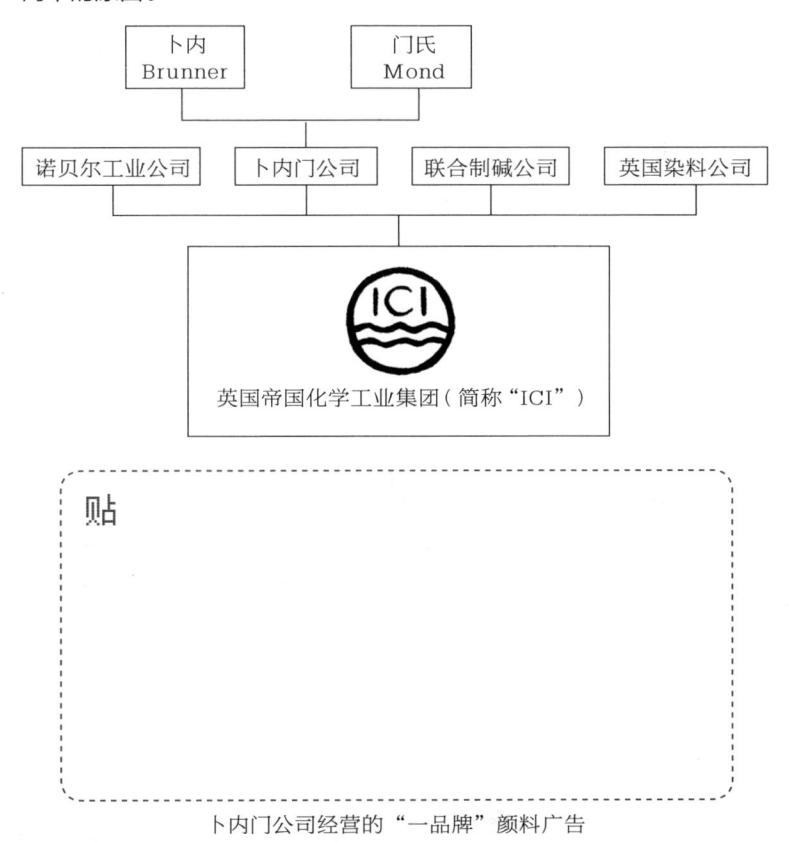

```
   卜内              门氏
   Brunner           Mond
      │                │
      └────────┬───────┘
               │
  ┌────────┬───┴────┬─────────┐
诺贝尔工业  卜内门   联合制碱   英国染料
  公司      公司      公司       公司
  └────────┴────┬────┴─────────┘
               │
        英国帝国化学工业集团（简称"ICI"）
```

贴

卜内门公司经营的"一品牌"颜料广告

卜内门大楼　129

贴

人像贴纸

李德立

1900年卜内门公司在上海设立分公司，聘请了字林洋行董事兼《字林西报》主笔李德立(Edward Selby Little)为总经理。李德立的人生经历充满了传奇色彩，他不仅是传教士，还是商界巨头、汉语言学者和社会活动家。

? 李德立与庐山有什么联系？
牯牛岭为什么又被叫做牯岭？

李德立

正当卜内门公司垄断中国纯碱市场之时，1918年，我国著名实业家范旭东在天津塘沽创办了永利制碱厂。他派人到美国斥巨资购入制碱机械和厂房设备的图纸，又聘请化学家侯德榜任厂长兼总工程师（侯德榜是我国杰出的化工专家，中国近代化学工业的奠基人之一，他发明了侯氏联合制碱法），从而打破了卜内门垄断纯碱市场的局面。卜内门公司千方百计地对永利制造种种困难，企图扼杀这个中国的新兴企业，以便继续垄断中国的制碱市场。

> ? 了解范旭东与侯德榜的生平事迹；
> 永利与卜内门之间起了何种摩擦，他们又使用了怎样的商业策略，结果如何？

贴

三角牌纯碱广告
（永利制碱厂生产的红三角牌纯碱，在美国费城国际博览会上荣摘金奖）

今昔对比

贴

过 去
老照片贴纸

贴

现 在
拍一张相同角度的照片贴在此处

调查报告

- 建造年代

- 建筑风格

- 柱式

- 结构类型

- 设计方

- 建造方

考察笔记

汉弥登大楼

HAMILTON
HOUSE

今江西中路 170 号

浙江实业银行大楼

CHEKIANG
INDUSTRIAL
BANK BUILDING

今福州路 107—123 号（单号）

汉弥登大楼由新沙逊洋行创办的地产股份有限公司投资建造。浙江实业银行原名浙江银行，由浙江地方政府与商人合资设立。汉弥登大楼分主楼和辅楼。通常所说的汉弥登大楼指主楼，位于福州路与江西中路转角处，其中部14层，两翼7层至9层。通常所说的浙江实业银行大楼指辅楼，共6层，大门在福州路上，与主楼相连。

在汉弥登大楼主楼的外部有这样一个奇特的符号，它看起来似乎只是具有装饰艺术风格的普通装饰，但若仔细观察，就会发现它是由两个大写字母H组合而成，与这幢大楼的英文名"Hamilton House"的缩写恰好吻合。

大楼外部的符号

然而，在大楼北侧，它的姊妹楼都城饭店也有一模一样的符号，那么这枚符号究竟只是普通装饰还是具有特别的象征含义呢？

汉弥登大楼主楼位于福州路江西中路十字路口，这里似乎有着一股神奇的磁场，你若抬头仰望，就会感到头顶似有3个巨人正在俯视着你。建设大厦、汉弥登大楼和都城饭店这三座曾经的摩天大楼外形和高度都极为相似，且呈三足鼎立之势，十分壮观，加之另一侧的公共租界工部局大楼，这4栋建筑沿马路转角呈凹面扇形布置，故而，这个十字路口看上去就像是一个圆形广场，成为近代上海城市肌理中独特的元素。那么，这里为什么会出现这样的圆形广场，路口的三幢建筑为何高度和风格都极其相似呢？

关于这幢大楼的历史有不同版本的说法。

版本一

大楼由英商沙逊创办的上海地产投资股份有限公司投资兴建，建成后，售给美国驻沪领事汉弥尔登开设的汉弥尔登洋行，遂以洋行名命名。

汉弥尔登信托有限公司（属新沙逊洋行）创办于1929年，公司设在沙逊大厦内，经营抵押放款、转借款项、房地产及企业投资。该公司下设的Hamilton House（未见中文行名，民间称其为"汉弥尔登房地产公司"）主要负责该公司名下的公寓、大楼的投资建设等（如汉弥尔登大楼和都城饭店）。

版本二

? 对于以上不同版本的说法，你怎么看？

汉弥登大楼 / 浙江实业银行大楼　137

1916年，美国纽约的区划法规规定了沿街建筑的高度和临街宽度等问题，并规定沿街建筑物达到一定高度后应按照比例后退。上海公共租界采用了这种区划管理办法，而福州路江西中路路口是最典型的代表。

1929年，工部局收到都城饭店的建筑方案，该方案屋顶建筑高度超过了当时章程规定，方案提出若工部局批准该建筑工程，业主沙逊将无偿转让四分之一圆形部分的土地给工部局，工部局同意了这个方案。此后该路口的汉弥登大楼也依据此先例进行，且高度和风格都与都城饭店非常相似。

后来，工部局在出售此路口西南角土地时，签订的合约中包括以下条款"为了与最近在周围建成的建筑协调，新建筑的风格和标准要经过工部局同意"，不久之后，业主提交方案，建筑的高度比汉弥登大楼高20英尺，虽然由不同的建筑师设计，但风格一致，方案获得通过，这就是后来的建设大厦。自此，圆形广场形成。

汉弥登大楼建成后内部分为公寓和写字间两种，分布在不同楼层。在主楼里，有两块楼层指引牌，在满是污垢的玻璃后面竟隐藏着不少信息。

LAI YU MOW	644-5	UMRIGAR, B.C.	701
SAILER, T.C. CAPT.	508	WOOD, MR. & MRS. R.L.	1101
	802		155
'C' ENTRANCE		GREIVNER, K.R.	534
	308		433
NIELSEN, O.C.	1201	SMITH, A. VIOLA	1001

曾经的大楼楼层指引牌

汉弥登大楼辅楼（福州路107—123号单号），又被称作"浙江实业银行大楼"，浙江实业银行原名浙江银行，由浙江地方政府与商人合资设立。总行设于杭州，上海设分行。1923年，其上海分行改组为浙江实业银行。

在大楼内有铁艺装饰，它看起来和主楼外部装饰符号极为相似，只是更简洁，这个装饰里的两个大写 H 字符非常明显。

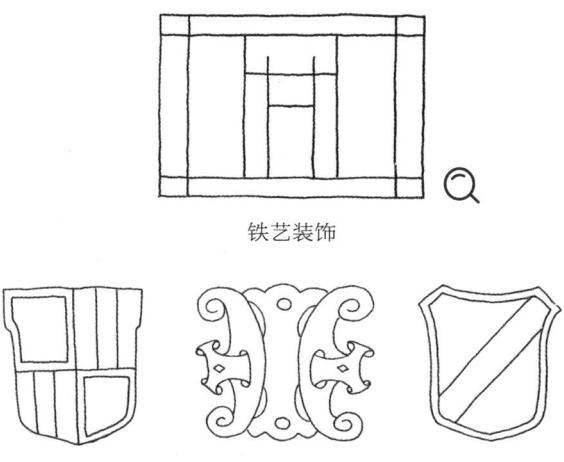

铁艺装饰

大楼内石质栏板扶手上的雕花

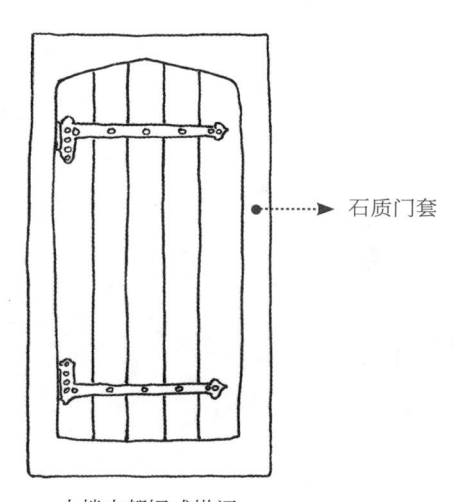

石质门套

大楼内都铎式拱门

英国都铎式拱门，采用钝角拱的形式，这种拱的特点是顶部尖拱内角为钝角，因此拱券坡度较小。

汉弥登大楼 / 浙江实业银行大楼

贴

人像贴纸

李铭

浙江实业银行在经营管理上很有特点，着重于外汇业务和兜揽外商在华企业的存汇款，机构和职工少，而存款甚多，拥有外汇资产也多。董事长兼总经理李铭主张银行业务不在于量多，而在于质高。李铭是旧上海金融界的领军人之一，他与张公权、陈光甫号称上海金融界的"三鼎甲"，有着举足轻重的地位。

李 铭

20世纪20年代，中国的商业银行形成了一些民族资本的金融集团，其中最著名的是"北四行"和"南三行"，浙江实业银行就是著名的"南三行"之一。

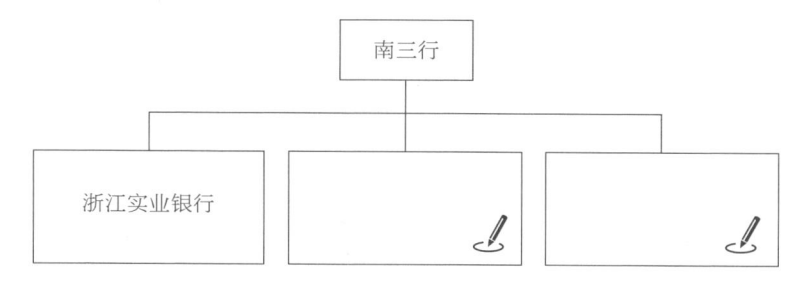

```
        南三行
    ┌─────┼─────┐
 浙江实业银行  [  ]   [  ]
```

这三家银行以上海为基地，在经营上互相声援、互相支持，互派董事监事，虽然没有联营或集团的组织形式，但实际上起到了联合经营、鼎力相助的效果。

> 请试着从成立时间、动机、与政府之间的关系和核心业务等方面，比较"北四行"与"南三行"的相同与不同之处。

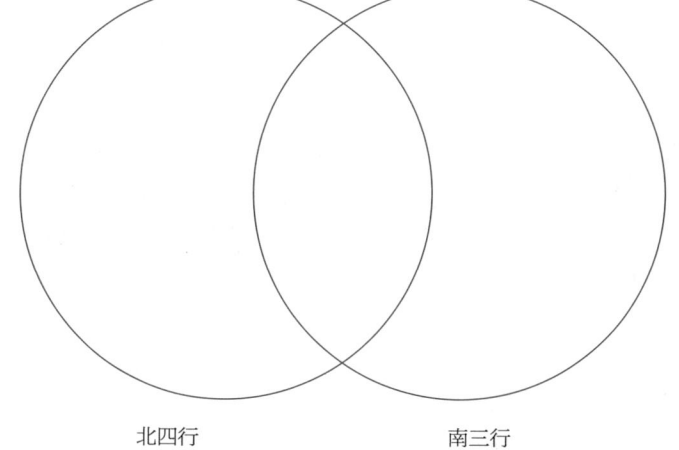

北四行　　　　　南三行

今昔对比

贴

过 去
老照片贴纸

贴

现 在
拍一张相同角度的照片贴在此处

调查报告

- 建造年代

- 建筑风格

- 柱式

- 结构类型

- 设计方

- 建造方

考察笔记

建设大厦

COMMERCIAL
BANK
OF CHINA

今江西中路 181 号

建设大厦全称"中国建设银公司大楼",原为中国通商银行所建新楼,后中国通商银行因资金短缺,只得将大厦转让给中国建设银公司。

这幢大楼的外部造型十分简洁,很多游人容易将它忽略,其实只要朝大门内看一眼,就会有所发现。在大楼门厅里的水磨石地坪上有一幅巨大的图案,上面还有指针,乍一看像是个时钟,可若仔细观察,就会发现图案上全是八卦符号,不仅如此,图案外围还有四个英文字符"E.S.W.N"分别代表"East""South""West"和"North",这四个方位所对应的墙角分别有"东""南""西""北"四个汉字,黑色指针所指的方向正是 North(北)。原来,这是一个融合了八卦符号与方位的图案。

可使用指南针,观察大楼门厅内所标方向是否正确。

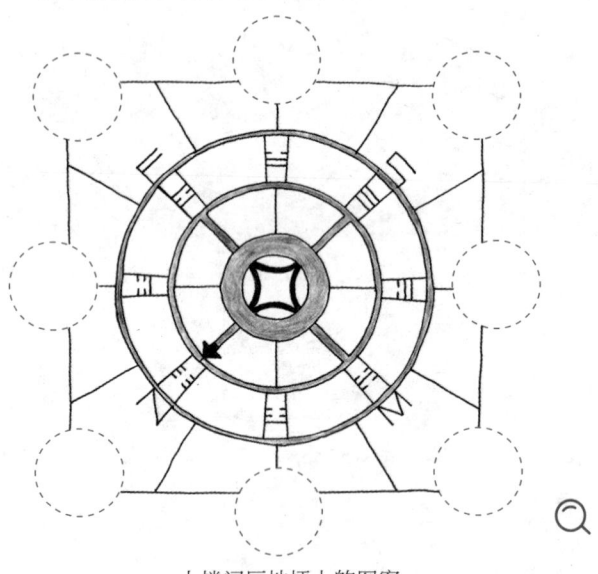

大楼门厅地坪上的图案

请在圆圈内写出八卦符号所对应的卦名。

146 探秘大上海:穿越时空去旅行

也许有人会问,什么是"银公司"?

"银公司"是近代上海出现的新式金融机构。其中规模最大的是宋子文发起成立的中国建设银公司。该公司在上海主要经营地产及押款业务,而在全国则通过投资来涉足采矿、铁路、发电等实业。该公司投资和控制的有淮南矿路公司、扬子电气公司、汉口既济水电公司以及川黔铁路特许公司等。

大楼入口处曾有主要入驻机构的标示:美国总领事署、中国建设银公司、邮政储金汇业局和川黔铁路特许股份有限公司。该大楼除二、三、九、十、十一楼外均系美国驻华总领事署,而建设银公司则位于这栋大楼的三楼和九楼。

1935年的《全国银行年鉴》中显示,中国建设银公司的董事长是孔庸之(孔祥熙),执行董事为宋子文与贝淞荪,宋子良和宋子安曾先后担任该公司总经理一职。

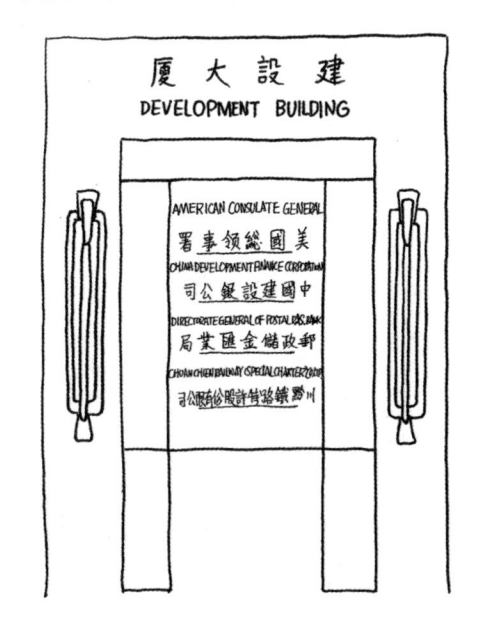

原大楼入口处

> 20世纪上半叶控制中国政治、经济命脉的四大家族是哪四家?

宋氏家族在中国近代史上有举足轻重的地位，深刻影响着中国近代历史的进程。

请将宋氏家族图谱补充完整。

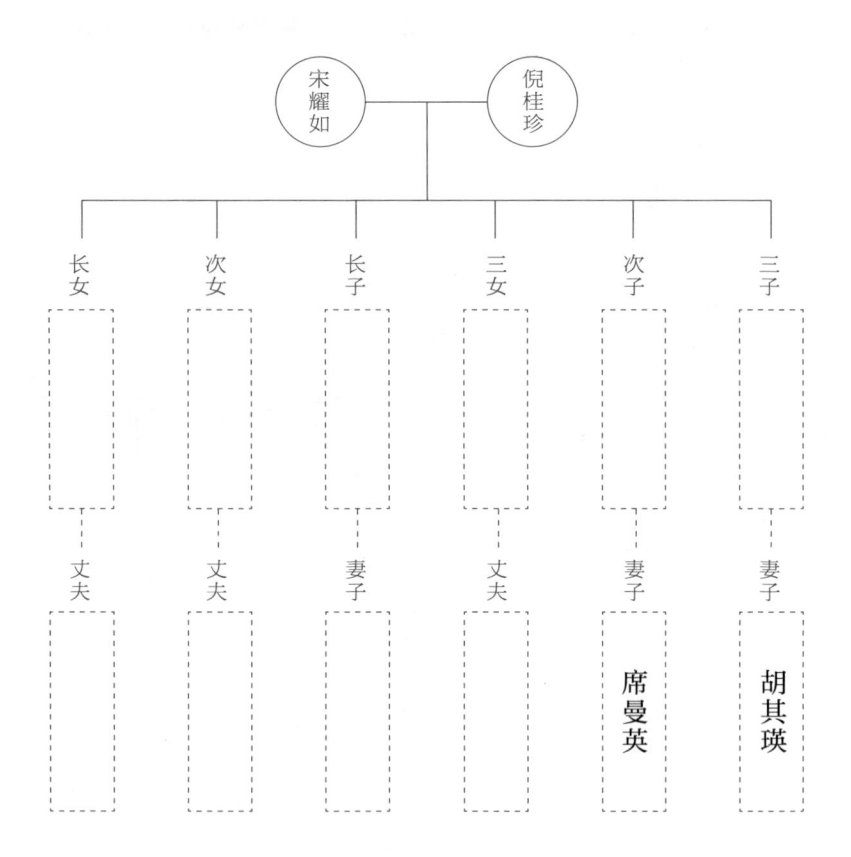

```
                    宋耀如 —— 倪桂珍
                         │
   ┌──────┬──────┬──────┬──────┬──────┐
  长女    次女    长子    三女    次子    三子
   │      │      │      │      │      │
  丈夫    丈夫    妻子    丈夫    妻子    妻子
                                席曼英  胡其瑛
```

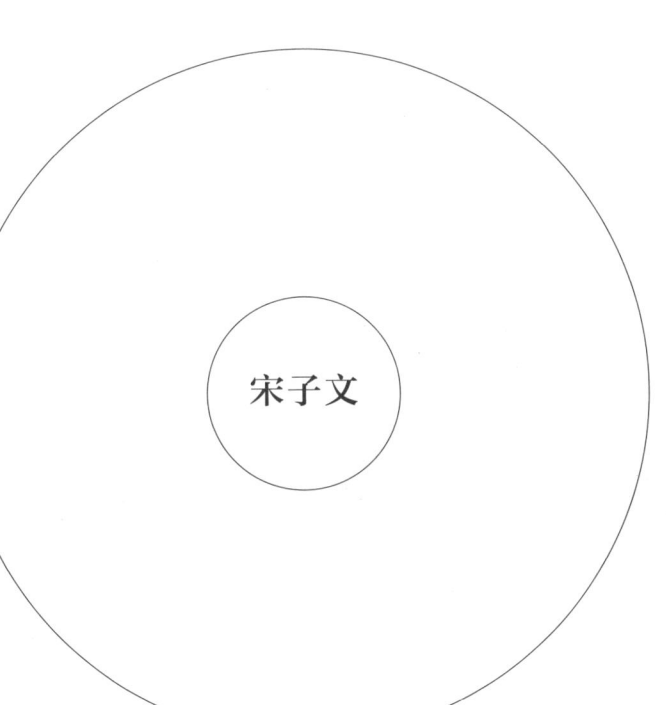

贴

人像贴纸

宋子文

宋子文

建设大厦

今昔对比

贴

过 去
老照片贴纸

贴

现 在
拍一张相同角度的照片贴在此处

调查报告

- 建造年代

- 建筑风格

- 柱式

- 结构类型

- 设计方

- 建造方

考察笔记

美国总会大楼

AMERICAN
CLUB

今福州路 209 号

美国总会又称"旅沪美侨俱乐部""花旗总会",初创于1917年南京路33号(今南京东路河南中路西)。

楼内的铸铁花饰

> 在大楼内有十分精美的铸铁花饰,它有什么含义呢?

```
THIS CORNER STONE
    OF THE
AMERICAN  CLUB
WAS LAID ON JAN 10TH 1924 BY
HON. JACOB GOULD SCHURMAN
  AMERICAN MINISTER
      TO
     CHINA
```

美国总会大楼奠基石

这幢建筑是由美商克利洋行(R.A. Curry)的建筑师邬达克设计。邬达克非常善于在楼梯扶手上使用铸铁花饰，而且通常会将委托者名字设计成特别的装饰符号。美国总会的英文名称是"American Club"，这个铸铁花饰看起来很像是字母 A 和 C 的变体组合。

这栋建筑有一处地方被水泥涂抹，其位置、形状、大小都与奠基石的特征十分吻合。

奠基石上显示的日期是 1924 年 1 月 10 日，奠基人为当时的美国驻华公使雅各布·古尔德·舒尔曼（Jacob Gould Schurman）。

美国曾在上海开辟过美租界，但很快与英租界合并为公共租界。此后伴随美国侨民逐渐增多，但是一直没有自己的总会。1917 年 7 月 4 日，美国侨民在庆祝美国国庆＿＿＿＿＿周年时，暂借原南京路 33 号的殖民银行分行楼上成立美国总会。

> ? 以前的美租界在哪里？

1922 年美国总会购进福州路五洲大药房东邻地皮，决定建造总会大楼，总会建成后，在上海引起轰动。当年，它与位于今茂名南路 58 号的法国总会、在外滩的上海总会一起被称作上海的"三大总会"。

在所有的国旗中，也许要算美国的"星条旗"最为繁复了，中国人称其为"花旗"。故"美国银行"被称为"花旗银行"，美国种植和出产的西洋参被称为"花旗参"，这座建筑又被叫做"花旗总会"。

> 1929 年 5 月，美国总会正式向中国人开放会员资格，其第一位中国会员是＿＿＿＿＿＿＿＿＿＿＿＿＿＿＿＿＿＿＿＿

✎ 请将美国总会的重要事件填写在上方时间轴上。

美国总会　　　　　　　　上海总会

✎ 试比较两家总会相同与不同之处。

请将下列名称填入相对应的楼层。

餐 厅　休息室　扑克室　麻将室　酒 吧　桌球室
阅览室　会议室　卧 室

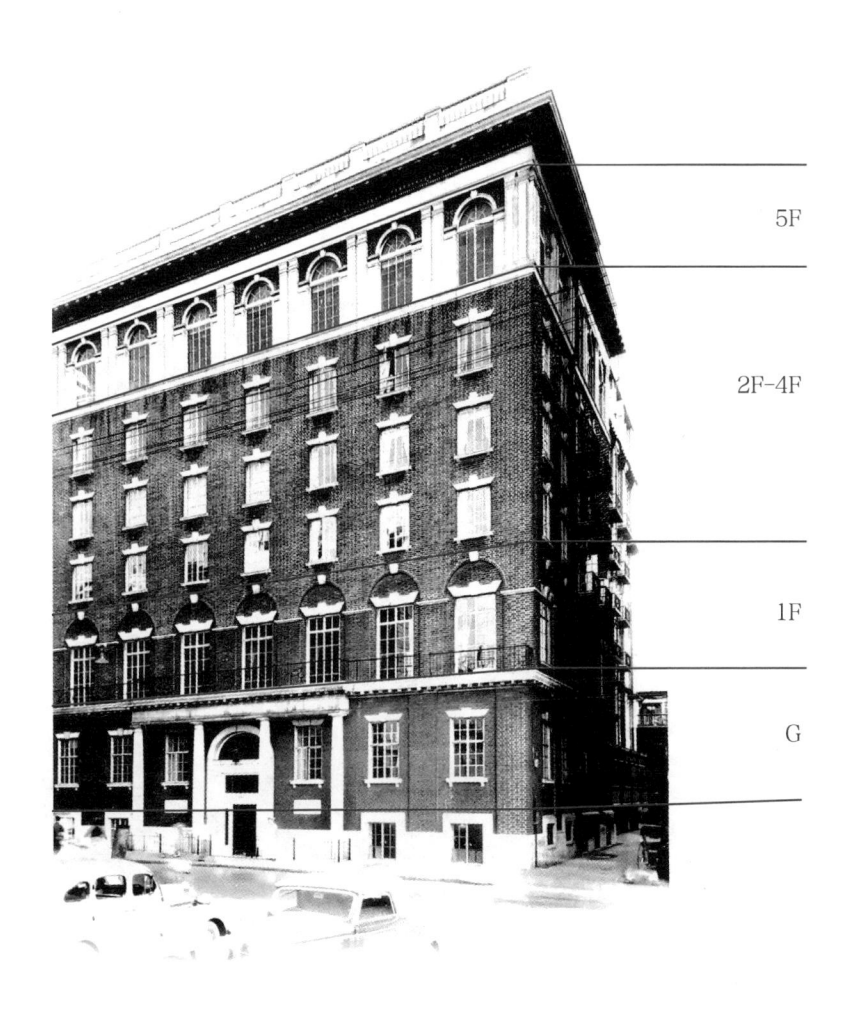

5F

2F-4F

1F

G

美国总会大楼

今昔对比

贴

过 去
老照片贴纸

贴

现 在
拍一张相同角度的照片贴在此处

调查报告

- 建造年代

- 建筑风格

- 柱式

- 结构类型

- 设计方

- 建造方

考察笔记

五洲大楼

INTERNATIONAL
DISPENSARY
BUILDING

今河南中路 210—220 号
福州路 221 号

上海五洲大药房是我国近代知名的药品生产、销售企业。由该药房生产的地球牌各类药品、保健品等，长期以来在国内市场上具有很高的声誉，还曾在世界博览会上获奖。

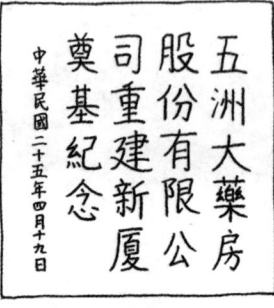

在这幢大楼底部的一角有一块石材与周围颜色很不一样，其表面被水泥涂抹，根据其位置、形状与大小，推测其为大楼原来的奠基石，可惜上面已无任何字迹。查找资料可发现此大楼当年确有奠基石。

五洲大楼奠基石

五洲大楼楼层平面图显示，三楼中心位置为项松茂纪念堂。项松茂是谁？五洲大药房为何要设堂纪念他？

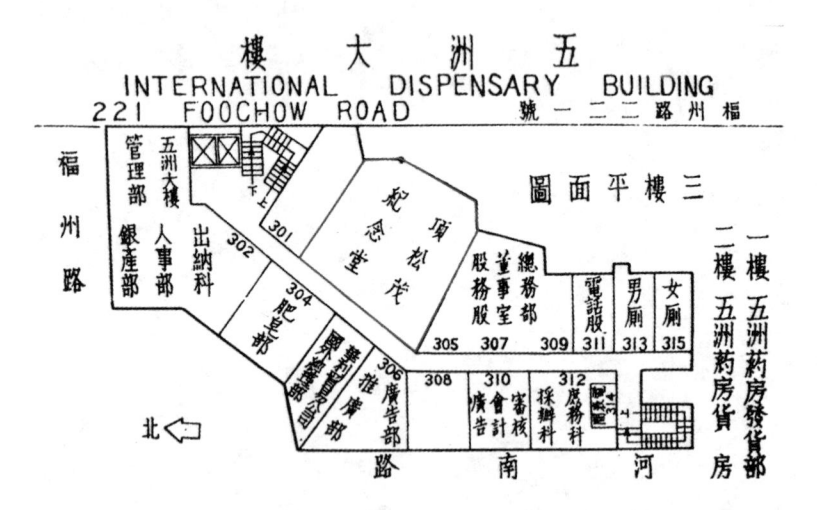

《上海市行号路图录》中五洲大楼楼层平面图

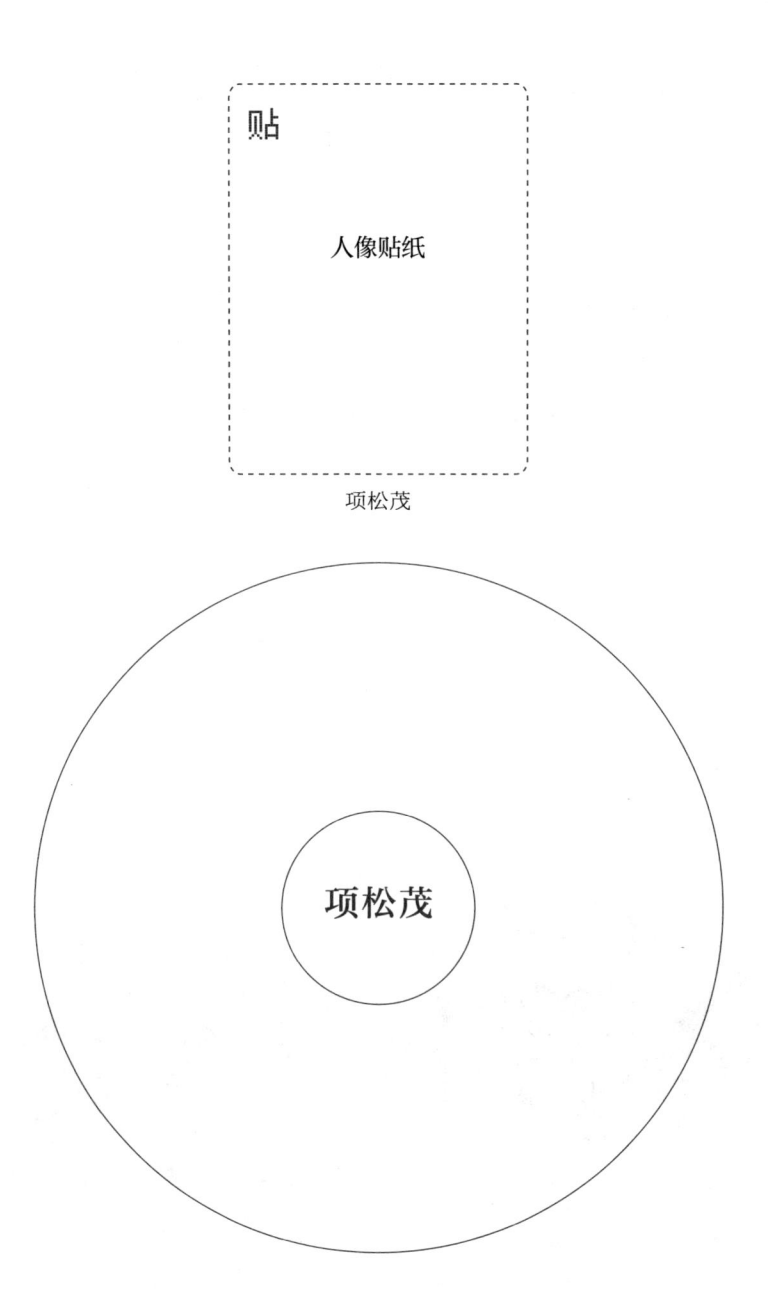

贴

人像贴纸

项松茂

项松茂

五洲大厦

项松茂是五洲大药房总经理，"九一八"事变后，他积极投入抗日救国运动，他在五洲率先成立义勇军第一营，自任营长。1932年"一·二八"淞沪战起，当时设在四川路老靶子路（今武进路）口的五洲大药房第二支店邻近战区，有11位职工留守。1月29日，日军闯入店里搜查时发现了义勇军制服，因此扣押了留守的11位职工。项松茂闻讯后，决定亲自营救。尽管同事与朋友极力劝阻，告诫他日军对其早已恨之入骨，正欲捕之不得，但他还是毅然前往营救，后不幸遭日军拘捕，1月31日晨，他和11位职工均遭杀害，尸骸无存。

"平居宜寡欲养身，临大节则达生委命；治家须量入为出，徇大义当芥视千金。"这是项松茂生前手书的自勉对联，这也是他的人生信条。

项松茂殉难后，其子项绳武继任五洲大药房总经理，继承其父遗志。项松茂生前曾有一个夙愿，要建造一幢不仅是中国，而且是东亚最宏伟的药业大厦。项绳武决心了却先父遗愿。1936年，在他的主持下，五洲投资巨款，在总店旧址动工翻造了新大厦，下方两张图可看出前后变化。

五洲大药房早期广告　　　　　　五洲大药房票据

新厦落成后，在三楼楼厅里，五洲员工布置了一间静穆庄严的项松茂纪念堂。

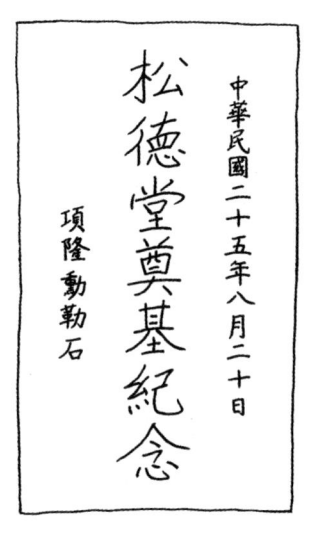

松德堂奠基碑

> **拓展线索**
>
> 在复旦大学上海医学院东院，有一幢不太显眼的楼房，它就是建造于1936年的"松德堂"，是为纪念上海著名爱国实业家项松茂先生而命名的。
>
> 1936年8月20日，在奠基仪式上，上海医事会董事长孔祥熙的代表胡贻毂、市政府代表李廷安、五洲药房的代表卢成章、上海医学院院长颜福庆相继发言，项绳武（隆勋）为"松德堂"奠基。
>
> 该楼屋檐装饰有琉璃瓦，外墙全部由红砖砌成，门庭是紫红色庭柱和画梁、拱式镂雕大门。大楼门前有石笋、绿树点缀，显得庄重而典雅。楼门左侧立有奠基碑。

贴

五洲大药房辨真券正面

贴

五洲大药房辨真券背面

"辨真券"是五洲大药房采取的一种促销手段,消费者凭券可换取赠品。该券正面四角为"五洲药房"店名,顶部有该药房的3种注册商标图案,"辨真券"3个字的下面,为8个可爱的儿童正在屋内开启箱子,画面两侧是该店8种药品的包装式样。券底居中文字为"此券不能抵价,只准换物,章程请看后面"。

今昔对比

贴

过 去
老照片贴纸

贴

现 在
拍一张相同角度的照片贴在此处

调查报告

- 建造年代

- 建筑风格

- 柱式

- 结构类型

- 设计方

- 建造方

五洲大厦

考察笔记

主要图片来源

- 作者收藏的老上海明信片、照片和票据
- 作者手绘
- 作者拍摄的老建筑照片
- 视觉上海（Virtual Shanghai）网站
- 上海图书馆

主要参考资料

- Heritage-architectures.com
- "阅读黄浦"小程序
- 《上海市行号路图录》（上册），福利营业股份有限公司1947年版
- 《上海行名录》(The Dollar Directory)，THE Dollar Directory Co.,1948
- 《上海电话号簿及购买指南》，上海电话公司1947年版
- 《上海市工商行名录》，上海市工商调查所1940年版
- 《行名录》(The China Hong List)， The North-China Daily News Herald, Ld.,1937
- 《中国名人录》(Who's Who in China)，上海密勒氏评论报1931年版
- 《上海工商人名录》，中国征信所1936年版
- 许晓成主编，《上海百业人才小史》，龙文书店编辑部1945年版
- 郑时龄著，《上海近代建筑风格》，同济大学出版社2020年版
- 薛理勇主编，《上海掌故大辞典》，上海辞书出版社2015年版
- 薛理勇著，《外滩的历史和建筑》，上海社会科学院出版社2002年版
- 薛理勇著，《老上海房地产大鳄》，上海书店出版社2014年版
- 薛理勇著，《老上海万国总会》，上海书店出版社2014年版
- 薛理勇著，《老上海高楼广厦》，上海书店出版社2014年版

- 杨嘉佑著，《上海老房子的故事》，上海人民出版社2006年版
- 杨嘉祐著，《外滩·源》，上海人民出版社2012年版
- 上海市历史博物馆编，《都会遗踪——上海市历史博物馆集刊2009-1》，上海书画出版社2009年版
- 上海市长宁区人民政府编，《长宁区地名志》，学林出版社1988年版
- 陈从周、章明主编，《上海近代建筑史稿》，上海三联书店1988年版
- 沈福煦、沈燮癸著，《透视上海近代建筑》，上海古籍出版社2004年版
- 黄国新、沈福煦编著，《老建筑的趣闻——上海近代公共建筑史话》，同济大学出版社2005年版
- 娄承浩、薛顺生编著，《老上海经典建筑》，同济大学出版社2002年版
- 娄承浩、薛顺生编著，《上海百年建筑师和营造师》，同济大学出版社2011年版
- 梅占奎编著，《上海建筑秀》，学林出版社2009年版
- 盛承懋著，《中国近代实业家盛宣怀——办实业走遍天下》，天津大学出版社2018年版
- 吕振海编，《珍闻集锦》，汉语大词典出版社2001年版
- 复旦大学档案馆编著，《桃李灿灿 黉宫悠悠 复旦上医老校舍寻踪》，复旦大学出版社2015年版
- 姜龙飞主编，《档案里的金融春秋》，学林出版社2012年版
- 徐洁、陈向东、俞昌明主编，《外滩2号华尔道夫酒店》，同济大学出版社2013年版
- 陈伟国编著，《稀珍老上海股票鉴藏录》，上海远东出版社2007年版
- 承载、吴健熙选编，《老上海百业指南 道路机构厂商住宅分布图》，上海社会科学院出版社2008年版
- 上海水泥厂编，《上海水泥厂七十年》，同济大学出版社1990年版
- 孙倩著，《上海近代城市公共管理制度与空间建设》，东南大学出版社2009年版

图书在版编目（CIP）数据

探秘大上海：穿越时空去旅行 / 吴隽著 .— 上海：
上海社会科学院出版社，2022
 ISBN 978-7-5520-3463-9

Ⅰ.①探⋯ Ⅱ.①吴⋯ Ⅲ.①上海—地方史—近代—
青少年读物 Ⅳ.① K295.1-49

中国版本图书馆 CIP 数据核字 (2022) 第 007822 号

探秘大上海：穿越时空去旅行

吴隽 著

责任编辑：	蓝　天　章斯睿
书籍设计：	周清华
出版发行：	上海社会科学院出版社
地　　址：	上海顺昌路 622 号　　邮　编：200025
电话总机：	021-63315947　　销售热线：021-53063735
	http://www.sassp.cn　　E-mail：sassp@sassp.cn
印　　刷：	上海盛通时代印刷有限公司
开　　本：	889 毫米 x 1194 毫米　1/32
印　　张：	5.625
字　　数：	142 千
版　　次：	2022 年 10 月第 1 版　2022 年 10 月第 1 次印刷

ISBN 978-7-5520-3463-9/K.646　　　定　价：88.00 元

版权所有　翻印必究